경찰입문을 위한 안내서

나는 형사가 되고 싶어요

김홍철 지음

청어

경찰입문을 위한 안내서

나는 형사가 되고 싶어요

김홍철 지음

발행처·도서출판 **청어**
발행인·이영철
영 업·이동호
홍 보·천성래
기 획·남기환
편 집·방세화
디자인·이해니 | 이수빈
제작이사·공병한
인 쇄·두리터

등 록·1999년 5월 3일
(제321-3210000251001999000063호)

초 판 1쇄 발행·2017년 2월 20일
3쇄 발행·2019년 3월 20일
개정판 1쇄 발행·2019년 6월 20일
2쇄 발행·2022년 8월 30일

주소·서울특별시 서초구 남부순환로 364길 8-15 동일빌딩 2층
대표전화·02-586-0477
팩시밀리·0303-0942-0478

홈페이지·www.chungeobook.com
E-mail·ppi20@hanmail.net
ISBN·979-11-5860-464-6 (03190)

이 도서의 국립중앙도서관 출판시도서목록(CIP)은 서지정보유통지원시스템 홈페이지
(http://seoji.nl.go.kr)와 국가자료공동목록시스템(http://www.nl.go.kr/kolisnet)에서
이용하실 수 있습니다.(CIP제어번호: CIP2017001700)

나는 **형사**가
되고 싶어요

2017년 2월 10일에 『나는 형사가 되고 싶어요』 초판이 발간되어 너무나 기뻤다. 작가도 아닌 내가 책을 출판하다니 그저 놀랍고 감사할 뿐이었다. 미흡한 부분들이 보였지만, 책을 출판한 것에 만족하였다. 어느덧 1년이 지나 출판사에서 2쇄를 발행하고 현재는 2년이 흘러 출판사로부터 개정판을 내자는 반가운 소식을 접하게 되어 이렇게 독자 여러분께 감사하는 마음으로 인사 글을 올리게 되었다.

책을 출판하기 위해 경찰 자료를 수집하던 것이 2016년이었다. 2018년에 도로교통법이 개정되었고, 경찰 내부에서도 많은 변화가 생겨 책 내용이 틀린 게 있었는데 수정할 기회가 생겼다. 그리고 무엇보다도 청소년들에게 하고 싶은 말이 있었는데 이 기회에 한마디 하고 싶다. 가끔 경찰 직업을 알리는 특강을 하거나, 또 이 책을 읽은 청소년 독자로부터 이메일로 받는 질문 중의 하나가 경찰관이 빨리 되고 싶은데 지금부터 무엇을 준비해야 하는지 묻는 것이다. 중학교, 고등학교 시절 문제아였던 나를 비교해 보면 이런 질문을 던진 학생들이 정말 대견하다고 할 수 있다. 이 질문을 받을 때마다 나는 공부 열심히 하고 학교생활을 충실히 하라고 멋없는 대답을 하였는데 지금은 이렇게 말한 것을 후회한다.

이어령 선생님처럼 조금 더 멋있게 대답할 것을 하지 못해서 아쉬웠던 것이다. 여러분은 이어령 선생님을 알고 있는가? 이어령 선생님은 교수, 언론인, 문화평론가, 초대 문화부장관을 지내신 분이다. 이어령 선생님은 우리나라가 1988년 서울올림픽을 개최할 때 개막식 행사를 준비하셨던 분이다. 그때 전 세계인들이 개막식을 보고 이렇게 말했다. "wonderful, it is best" 보통 개막식은 커다란 경기장 내에서 하는데, 이어령 선생님은 그렇게 하지 않고 한강에서 배들이 북을 치면서 개막식을 시작하도록 기획하였다. 전 세계 최초로 경기장 안과 밖에서 개막식 행사를 기획하신 것이다. 이렇게 사고의 틀이 남다른 그분께서는 청소년들이 벌처럼 살지 말고 나비처럼 살라고 말씀하셨다.

그가 왜 청소년들에게 벌처럼 살지 말고 나비처럼 살라고 말하였는지 그 이유를 살펴보자. 벌은 일직선으로 날아다닌다. 꿀을 채취하고 곧바로 집으로 돌아오고, 다시 꿀을 찾아 일직선으로 간다. 하지만 나비는 그렇게 하지 않는다.

나비는 덩실덩실 춤을 추며 꽃에 앉았다가 풀에도 앉았다가 또는 짝을 찾아 돌아다니면서 자신이 좋아하는 일만 한다. 이어령 선생님은 청소년들에게 너무 공부에만 몰입하지 말고 이렇게 자신이 좋아하는 일을 하며 학창시절을 보내기를 원하였던 것이다. 얼마나 멋진 표현인가? 나 또한 그분처럼 청소년들이 나비처럼 학창시절을 보냈으면 하는 바람이다. 경찰관이 되려고 너무 서둘지 말고 천천히 하고 싶은 일을 하면서 학창시절을 보내라 말하고 싶다. '급할수록 돌아가라'란 속담이 있다. 급히 공을 세우려는 사람의 대부분은 목적을 달성치 못하고 중도에 포기하고 만다. 마음의 여유가 있는 사람만이 큰일을 이룰 수가 있다. 청소년들이 독서도 많이 하고 취미 활동과 좋아하는 운동 등으로 자신만의 여유 있는 생활을 보내는 것을 필자는 이 책을 통해서 말하고 싶다.

Therefore love moderately; long love does so;
Too swift arrived as tardy as too slow.

그러므로 적당하게 사랑하라. 긴 사랑은 그렇게 하라. 너무 빨리 도착하는 것은 너무 늦게 도착하는 것과 마찬가지이니까.

-Rome and Juliet by w. shakespeare

2019년 6월
저자 김홍철

프롤로그

먼저 책이 발간되게 도움을 주신 출판사 모든 관계자 분들에게 깊은 감사의 인사를 전한다. 특히 출판업계가 갈수록 어려워지고 있는 시점에서 이 책의 가치를 알아보고 출판 결정을 내린 청어출판사 이영철 대표님께 감사의 뜻을 전한다.

이 책은 경찰 입문서다. 여러 경찰 선배님들의 철학과 경찰 업무의 노하우들을 최대한 여과 없이 실었다. 경찰 시험을 준비하는 취업준비생과 이제 막 경찰 업무를 시작하는 신임순경들이 읽기에 조금도 부족함이 없을 것 같다.

필자는 고등학교 은사이신 김영종 선생님의 권유로 학생들의 경찰관 직업 진로 강의를 시작하였다. '재능을 기부하다.' 중·고등학생들을 상대로 경찰관 직업소개 강의를 하러 갈 때 듣는 말이다. 솔직히 강의하는 게 즐겁다. 경찰관이 되고 싶어 하는 학생들 앞에 서서 경찰관이라는 직업을 소개할 때면 동경의 눈빛으로 필자를 바라보는 게 너무나 좋다. 경찰관이라는 내 직업이 이렇게 훌륭하다니 초심 때로 돌아가는 기분이 든다.

학생들의 질문을 받다보니 경찰에 대해서 다양한 궁금증을 갖고 있는 것 같아 책으로 써보면 어떨까 하고 글을 쓰기 시작하였다. 그리고 학생들이 하는 질문이 순수해서 좋다. 이 책의 제목을

'나는 형사가 되고 싶어요'로 정한 이유도 학생들의 질문에서 따온 것이다. 형사가 되는 방법은 간단하다.

경찰관이 되어 성실히 근무 하다 형사과에 지원서를 보낸다. 그리고 지원자들과의 경쟁에서 조금 더 유리해지기 위하여 지원서에 갖은 스펙들을 적는다. 무도단증, 컴퓨터 관련 자격증이 많으면 유리하다. 이런 스펙이 없으면 지구대, 파출소에 근무할 때 성실히 근무해야 한다. 그럼 일 잘한다는 소문이 나서 동료들의 추천을 받고 본인이 원하는 부서인 형사과에 들어가게 되는 것이다.

하지만 경찰은 꼭 형사만 있는 게 아니기 때문에 학생들에게 강의 할 때 경찰 내에 있는 각 부서들의 성격과 그들의 근무 유형들을 알려 준다. 그리고 본인의 적성에 맞는 부서에 근무하기를 권장한다.

일단 형사도 종류가 너무 많다. 관공서의 고소 고발, 공무원 범죄 사건을 취급하는 지능범죄수사팀, 인터넷 등에서 일어나는 범죄를 수사하는 사이버범죄수사팀, 사기, 횡령, 배임 등을 수사하는 경제팀, 폭력사범 수사하는 형사팀, 납치유괴, 강도, 절도 등 강력 사건을 수사하는 강력범죄수사팀, 교통사고를 조사하는 교통사고 조사팀, 뺑소니 사건을 수사하는 교통범죄수사팀, 청소년들의 범죄와 성범죄, 가정폭력을 수사하는 여성청소년수사팀 등 수사하는 경찰관의 종류가 이렇게 많다.

그들은 각기 하는 일도 다르고 분야도 다양하지만 공통점이 있다. 그것은 나쁜 놈을 잡는다는 것이다. 아마 이 점이 마음에 들어 경찰관이 되고 싶어 하고 형사가 되고 싶어 하는 게 아닌가 싶다. 그리고 이 책을 집어서 펼친 여러분도 정의심과 용기가 넘친다고 본다.

필자는 29살에 경찰에 입직하였다. 29년을 살아오면서 한 번도 시체를 본 적이 없었다. 그런 내가 경찰 생활 시작한 지 얼마 되지 않아 사람이 죽었다는 신고를 받고 출동 나가게 되었다. 그 당시 가슴이 얼마나 뛰던지 모르겠다. '왜 하필 내 근무 시간, 내 관할 구역에서, 발생하였지?' 이런 생각을 하면서 현장에 도착하였다. 그런데 함께 출동 나간 선배의 말이 아직도 내 귀에 생생하다.

"김 순경, 발목 잡아."

마음은 아닌데 몸은 돌아가신 할머니의 발목을 붙잡고 있었다. 그리고 다시 선배의 말을 들었다.

"김 순경, 뒤집어."

선배의 말에 따라 할머니의 시체를 뒤집었고, 그때 선배가 할머니의 몸을 더듬으며 세밀하게 관찰하는 것을 보게 되었다.

그 당시 너무 두렵고 무서워서 아무 생각 없던 필자는 선배의 모습에 정신이 번쩍 들었다. 경찰관이 시체를 무서워하다니 우습지 않은가? 선배는 할머니 몸에 상처가 있는지를 살펴보는 것이 분명하였다. 그 선배는 형사계에 근무하다 지구대에 온 지 얼마 되지 않은 분이셨는데, 형사계 근무하던 습관이 몸에 베어 자연스럽게 타

살 혐의점이 있는지 살펴보려고 그런 것이었다.

경찰이 시체를 보고 놀라면 되겠나? 스스로 반성을 하면서 선배의 모습을 계속 주시하고 크게 무언가를 느꼈다. 편안하려고 내가 경찰관이 된 것이 아닌데. 뭔가 잊고 있었던 생각이 들었다. 경찰 들어오기 위해 늦은 시간까지 공부하면서 달과 별을 보면서 훌륭한 경찰관이 되겠다고 다짐했던 생각들이 떠올랐다.

이 할머니는 혼자 살다 병환으로 돌아가셨다. 가족이 없는 분이셨는데 마침 사위 한 분이 계시다는 것을 알았고, 그 사위에게 연락을 하니 사위 되신 분이 장례를 치르겠다고 하여 잘 마무리 짓게 되었다.

그 후로 경찰 생활을 하면서 셀 수도 없는 시체들을 만나게 되었지만 시체를 만져 본 것은 그날 이후 없었다. 멀리 떨어져 사진촬영 하는 게 고작이었다. 첫 경험이 아주 특별하였다. 형사 출신과 같이 근무하니 그런 특별한 경험도 하게 되었다고 생각한다.

얼마 전 텔레비전 방송에 종영된 '시그널'이라는 드라마를 기억하는가? 그 드라마를 보는 동안 범인을 잡지 못해 긴장되고 안타까운 마음을 가지면서 경찰관인 나도 형사가 되고 싶다는 생각을 하였다. 경찰관인 나도 형사가 되고 싶어 하는데 일반인들은 더 형사라는 직업을 동경할 것이며 특히 경찰관을 자신의 꿈으로 가지고 있는 준비생들은 더욱 그러하리라고 본다. 형사를 하고 싶어도 일단 경찰관이 되어야 한다. 이 책은 경찰관이 되는 다양한 방법과 필자의 경험담을 담아 작성하였고, 경찰관이 된 후 직장 내에서 성공할 수 있는 방법들을 적었다. 한마디로 이 책을 요약한다면 경찰 입문서라고 보면 되겠다.

다소 과장도 있을 수 있지만 인생의 선배가 조언을 하고 있다 생각하고 그냥 마음에 드는 문구만 가슴에 담아 두면 되겠다. 경찰관은 팔방미인이 되어야 한다. 필자뿐만 아니라 많은 경찰관들이 다방면에 활약을 하고 있다. 이 글을 읽고 있는 여러분도 그렇게 될 것이라고 믿는다.

그리고 영화 '베테랑'의 주인공 서도철 형사처럼 멋진 형사가 되어 주기 바란다. 서도철 형사가 범인을 끝까지 추적하여 재벌2세를 잡아 혼내줄 때 대리만족과 감동을 느꼈나? 여러분도 할 수 있다. 서도철 형사처럼 되기가 힘들다고? 그럼 영화 '살인의 추억' 박두만 형사처럼 범인을 잡기 위하여 최선을 다하여 주기 바란다. 비록 범인을 검거하지는 못하였지만 어딘가에서 드라마 '시그널'의 주인공 이재한 형사와 같은 경찰관이 당신이 수사하다 남긴 단서들을 토대로 미제사건을 수사하고 있을 수 있으니, 그저 최선을 다하여 수사하였다면 그것만으로도 충분하고 가치가 있지 않겠나. 자, 이제 여러분이 영화와 드라마 속의 주인공이다.

contents

Ⅲ. 경찰 직업의 매력

Ⅳ. 수사부서의 종류와 업무

V. 경찰은 형사가 전부가 아니다

VI. 널리 사회를 이롭게 하라

I. 경찰관 입문 전

형사는 하고 싶은데 경찰관이 되는 과정이 너무 힘들어 보여 그냥 꿈만 꾸는 사람들을 많이 보았다. 필자도 그들 중 한 사람이었다. 막연히 경찰관이라는 직업을 동경하기만 하고 정작 노력은 전혀 하지 않았다.

일단 합격부터

형사가 되기 위해서는 먼저 경찰관이 되어야 한다. 경찰관이 되지도 않았는데 형사가 되어 범인을 수사하여 잡을 수는 없다.

경찰관이 되면 수사경과가 있다는 것을 알게 될 것이다. 매년 수사경과자를 뽑기 위하여 형사법 시험을 치르는데, 여기에 합격하게 되면 수사부서에 지원서를 보낼 자격을 얻게 된다. 형사법 시험의 난이도는 높지 않아 약간의 노력만 하면 무난하게 합격하고 수사경과 자격을 얻을 수 있다.

형사는 하고 싶은데 경찰관이 되는 과정이 너무 힘들어 보여 그냥 꿈만 꾸는 사람들을 많이 보았다. 필자도 그들 중 한 사람이었다. 막연히 경찰관이라는 직업을 동경하기만 하고 정작 노력은 전혀 하지 않았다. 그러던 필자도 강한 동기부여가 생겨 공부를 하였고, 그 결과 지금은 경찰관으로 열심히 근무를 하고 있다. 우선 필자가 경찰관에 들어오기까지 합격 과정을 이야기하겠다. 아마 경찰시험을 준비하는 대다수가 필자와 비슷한 환경과 공부실력을 갖고 있지 않을까 싶다.

필자는 여수에 있는 중학교를 졸업하였다. 이 학교에서 일진, 학교 짱이었다. 날마다 동급생들 괴롭히는 맛에 학교생활이 너무나 즐거웠다. 타 학교에 싸움 하러 원정 가는 일도 자주 있었다. 여수 지역 동급생 사이에서 내 이름은 꽤 유명하였다. 싸움꾼으로 이름을 날렸기 때문이다.

지금 생각하면 아찔하지만 그 당시에 왜 그렇게 겁이 없었는지 모르겠다. 이때 영화 '영웅본색'을 보았는데 주윤발이 성냥개비를 입에 물고 걸어가는 모습은 환상적이었다. 필자는 성냥개비 대신 담배를 입에 물고 시내를 걸어 다녔다. 누가 말을 걸면 가만 두지 않겠다는 험상궂은 표정을 하고 말이다. 그때가 중학교 3학년 겨울방학 때의 모습이다.

필자는 마지막 학력고사 세대이다. 고등학교 입학도 대학 입학처럼 원하는 학교에 가서 시험을 보고 경쟁으로 들어가야만 했다. 실력도 안 되는데 무리하게 여수에 있는 명문 고등학교를 지원하여 떨어지고 후기로 학생이 미달 된 고등학교에 들어갔다.

지금은 아니지만 그 당시 여수지역에서의 이 학교의 이미지는 정말 아니었다. 그 때문에 학교 다니는 게 창피하였다. 여수 변두리 지역에 위치한 이 고등학교를 다니면서 지각도 많이 했다. 학교가 멀다 보니 버스를 놓치면 다음 버스를 기다리는데 배차 간격이 보통 10분 이상이다. 그러다 보니 놓치면 바로 지각으로 연결되었다.

지각생들은 학교 입구에서 야구방망이와 같은 몽둥이로 맞기도 하였고, 운동장을 몇 바퀴씩 도는 체벌을 받아야 했다.

필자는 버스를 놓치면 그냥 매 맞기 싫어 학교를 무단으로 결석한 적이 많았다. 그리고 다음 날 학교에서 1학년 담임선생님께 엉덩이가 시퍼렇게 되도록 매를 맞았다. 그때 자퇴시켜 달라고 선생님께 말씀드렸는데 선생님께서는 며칠 후에 다시 이야기 하자 하면서 피하셨다. 그 다음에 찾아가 자퇴시켜 달라고 하면 또 다시 며칠 후에 이야기하자면 피했다. 그러다 결국 자퇴하지 못하고 2학년까지 올라가게 되었다.

여기서 내 인생의 정신적 멘토(mentor)를 만나게 되었다. 2학년 담임선생님은 지금도 내 인생에 많은 영향을 주고 있다. 첫 대면은 선생님이 자신을 소개하시고 우리 반 실장이 되고 싶은 사람 손들어 봐 하는 것이었다.

나는 맨 뒷자리에서 팔짱을 끼고 삐딱하게 앉아 있다 장난삼아 손을 들었다. '설마 나 같은 문제아를 실장 시키겠어.' 하는 마음과 내가 손들면 우리 반 학생들이 웃지 않을까? 하는 두 가지 생각에 손을 들게 되었다. 이때 한 명이 손을 더 들었다.

손을 든 친구는 외모가 전혀 신승훈을 닮지 않았는데 안경만 비슷하게 써서 여학생들에게 인기가 조금 있었던 친구였다. 우리 두 사람을 앞으로 나오라고 하신 선생님은 우리 반 학생들에게 손을 들어 가장 많은 거수 표를 받은 학생을 실장으로 시키겠다고 하셨다.

18

여기서 필자는 압도적인 지지를 받고 실장이 되었다. 내 생각에 우리 반 학생들도 설마 저런 문제아를 실장 시키겠어? 장난이나 쳐보자 하는 마음에 손을 들었던 거 같다. 그런데 선생님은 나를 실장으로 임명하였다. 실장이 된 후 내 태도는 변하게 되었다. 조금 책임감 있게 학교생활을 하였던 것이다.

매년 학기 초에는 환경미화심사를 하는데 그 환경미화심사가 끝난 후 부실장과 나를 방과 후에 선생님들이 자는 숙직실로 불렀다. 지금은 숙직실이 사라지고 사설 경비업체에서 학교 방범을 책임지고 있었지만 필자가 학교를 다닐 때에는 선생님들이 돌아가면서 숙직실에서 잠을 자며 학교를 지켰다. 이 숙직실에 늦은 시간 부실장과 내가 찾아 갔을 때 눈에 들어오는 게 수많은 맥주병들이었다.

그때 필자는 그 많은 술을 '선생님들과 마시려고 사 두셨겠지'라고 생각하였는데 선생님께서 뜻밖에도 우리 두 사람과 한잔 하려고 불렀다는 것이었다. 술을 마시면서 선생님이 하신 말씀이 지금도 잊히지 않는다.

"너를 실장 시키고, 교무실로 가니까 선생님들이 난리더라. 너 같은 문제아를 실장 시키면 안 된다고 말이야. 그런데 선생님은 선입견이 없어서 너를 계속 실장 시키고 지켜보았는데. 아주 잘해. 환경미화심사도 훌륭하게 잘 끝내주어서 너무 기뻐 너희들이랑 술 한잔 하고 싶어서 불렀다."

이렇게 말씀하셨는데 그때 어린 마음이었지만 나를 알아주고 믿어주시는 분이 있다는 생각에 감동이 폭풍처럼 밀려왔다. 그 자리에서 술을 엄청 마셨는데 선생님 앞이어서 그런지 그 많은 술을 마셨지만 정신이 말짱했다. 그리고 그날 조용히 그곳에서 선생님과 함께 잠을 잔 것 같다. 그 후 선생님의 전폭적인 지지로 나는 다른 선생님들의 사랑까지 받을 수 있게 되었다.

그 후 선생님과 지내면서 많은 사건 사고가 있었지만 기억에 남는 가장 큰 사고라면 옆 반과 집단으로 패싸움을 하려고 날을 잡은 것이다. 필자는 이 사실을 선생님에게 말을 할까 하지 말까 무척 고민하였다. 결국 나를 믿는 선생님을 배신할 수 없어서 선생님을 찾아가 무조건 허락해주시면 말씀드릴 일이 있다고 하였다. 선생님은 아무것도 모르고 무조건 허락할 테니 말해 보라고 하셨다. 그래서 옆 반과 10대 10으로 패싸움하게 되었다고 말씀드렸더니, 반으로 돌아가 있으라 하셨다.

그리고 반에 오셔서 옆 반까지 곡성소리가 들리게 우리 반 학생들 모두 몽둥이찜질을 하셨다. 누가 고자질을 했는지 말씀은 안 하시고 패싸움을 하게 되면 더 많은 매질을 할 거라는 엄포까지 하면서 매질을 하였다.

그때 우리 반 밀고자가 나였다는 것을 지금 밝힌다. 친구들아 미안하다. 내가 싸우자고 선동하고 또 밀고까지 하다니 정말 미안하다. 괜히 나 때문에 안 맞아도 되는 매를 맞고 이 글을 혹시 보게 된다면 학창시절 하나의 추억이라 생각하고 너그러이 용서해 주기 바란다.

이렇게 우여곡절도 많았지만, 고등학교를 선생님 덕분에 무사히 마치게 되었다. 그 후 전기대 낙방, 후기대 낙방, 지역에 있는 신생 전문대학교에 간신히 진학한다. 전문대 2학년 후반에는 무단결석과 학기말 시험을 보지 않아 학점이 미달되어 계절 학기를 수강신청하고 코스모스 졸업을 하여야 했다. 하지만 이를 포기하고 그냥 집에다가는 대학을 졸업하였다고 거짓말 하였다. 그래서 필자의 최종학력은 대학교 중퇴로 되어 있다.

한마디로 필자는 공부 못하고 노는 것만 좋아한다. 그리고 무슨 시험을 보면 한 번에 합격한 적이 없었다. 자동차운전면허시험도 두 번 만에 합격하였다. 경찰채용시험, 신문 투고, 특진 등 한 번만에 이룬 업적이 없다. 이 책도 과장을 보태어 수백 군데 출판사에 원고 투고를 하여 운 좋게 출판하게 되었다.

이렇게 놀기 좋아하는 필자가 고등학교 2학년 후반부터 막연하게 경찰관이 되겠다는 생각을 하였다. 그 후 경찰채용시험을 볼 수 있는 나이와 자격이 되자 공부도 하지 않고 경찰관이 되겠다고 시험에 도전하였다. 결과는 정해져 있지만 시험이 객관식이라 그런지 왠지 시험에 합격할 것만 같은 기분에 번번이 도전하였다.

20대 초반에 경찰채용시험을 독학으로 지역 시립도서관에서 공부를 하였다. 혼자 책을 보고 있으면 왜 그리 잠이 쏟아지는지 모르겠고, 책에 써진 글들은 전부 영어처럼 해석이 안 되고 읽고 나면 가물가물해서 공부를 하고 있는지라는 의아심마저 들었다. 그리고 도서관 통로를 누군가가 지나가면 나도 모르게 고개를 들고 상대방을 쳐다보는 일명 '미어캣'이었다.

그 와중에 내 눈에 빛이 나는 수험생이 있었다. 남색 경찰 근무복(그 당시에는 경찰복이 남색이었음)을 입고 공부하던 경찰관이었다. 그 경찰관은 도서관에서 그 누구보다 열심히 공부를 하다 갔다. 아마 승진 시험 공부하러 도서관에 오는 모양새인데 그 모습이 정말이 세상 누구보다 부러웠다. 보면 볼수록 배도 아프고 부러웠다.

필자보다 나이는 조금 많아 보였는데, 누구는 경찰관 입문 단계에서 허덕이고 있고 저 사람은 벌써 승진을 준비하니 안 부러워 할수가 없었다. 열심히 공부하지도 않고 부러워만 했다. 그리고 부러워하면서 놀았다.

마음은 이러면 안 되는데 하면서 몸은 당구장, PC방, 술집에 가있었다. 20대 초반 그리고 중반의 귀한 시간을 이렇게 낭비하였다. 그리고 26살에 경찰시험을 치르고 나서 난 안되나 보다 하고 경찰관의 꿈을 잠시 접었다.

기술도 없던 내가 유일하게 할 수 있었던 일은 자동차 운전이었다. 정보지 구인광고를 보고 운전 배달원으로 취직하였다. 철물점에서 물건을 팔고 또 손님이 주문한 물건을 배달하는 일이었다. 일을 하면서 내 자신이 한심하기 짝이 없었다. 경찰 시험공부를 할때는 백수지만 그래도 '언젠가 경찰관이 될 것이다'라는 생각에 자신감이 있었지만 막노동 같은 배달직은 나를 점점 초라하게 만들었다.

> 보잘 것 없는 초가라도 잘 정리하면 아담하고, 초라한 시골남자라도 잘 꾸미면 멋이 풍긴다. 학문과 덕을 수양한 군자가 어려운 처지에 놓이게 되더라도 자포자기(自暴自棄) 하지 않고 학문과 덕을 굳건히 지켜야 가난하게 살더라도 위엄이 있어 감히 함부로 대하지 않는다.
>
> – 채근담

자포자기(自暴自棄)로 목표와 꿈을 잃어버린 필자는 자신감이 점점 사라져만 갔다. 몸도 마음도 피곤하고 가장 슬펐던 것은 여자친구 없는 내 자신이었다. 하지만 여자친구를 사귀자니 이런 일을 하는 나를 누가 사랑해 주겠나? 이런 자괴감에 더 슬프고 외로웠다.

간혹 만나는 사람이 생기기도 하였지만 자신감 없는 남자를 누가 사랑하겠는가? 한두 번 만나고 헤어지게 되었다. 이러다 장가도 못 가는 것은 아닐까? 정말 그런 생각을 그 당시에 많이 하였다.

지나가는 경찰차와 경찰관들을 볼 때마다 동경의 시선으로 그들이 되고 싶어 미칠 것만 같았고 일을 하면서 다시 경찰 공부를 해볼까 하는 생각을 수없이 하였다.

당시에 힘든 노동과 정신적 스트레스로 늑막염이라는 병을 앓게 되었다. 그래서 병원에 한 달간 입원을 하게 되었는데, 병실에 누워 이 생각, 저 생각 하다 보니 이렇게 생활해서는 안 되겠다 싶은 생각이 들었다.

남들이 부러워하는 직장에 다녀야 여자친구도 만나고 장가를 갈 거 아닌가? 침대에 누워 그 생각이 머리를 떠나지 않고 계속 빙글빙글 돌았다. 미치듯이 공부가 하고 싶었다. 퇴원하자마자 마음 독하게 먹고 학창시절부터 피웠던 담배를 끊었다. 그리고 순천에 있는 경찰고시학원에 등록을 하게 되었다.

하늘에서 사람에게 큰일을 맡길 때는 반드시 먼저 그들의 마음을 괴롭히고 몸을 수고롭게 하고 또한 생활을 궁핍하게 하여 하는 일마다 어긋나고 틀어지게 만든다. 이것은 그들의 마음을 움직여서 인내심을 기르게 하고, 어려운 일을 더 많이 해낼 수 있는 능력을 길러주기 위해서다. 따라서 사람은 어려움 속에서도 크게 될 수 있으며 도리어 안락 속에서는 쉽게 타락하여 실패할 수도 있다.

－ 맹자

누구나 시작점은 똑같다

    모아둔 돈도 없는 백수에게 경찰고시원 학원비는 정말 큰 부담이었다. 넉넉한 가정형편이 아닌 것을 알지만 그래도 필자는 간절한 마음에 어머니에게 도움을 구하였다. 어머니는 필자가 항상 말썽만 일으키는 사고뭉치라는 것을 잘 알고 있지만 그래도 끝까지 믿고 후원해주셨다. 이 글을 통해 어머니에게 말하고 싶다.

    "어머니, 감사하고 사랑합니다."

    '합격자를 많이 배출시켜 학원 이름을 알리고 더 많은 수험생들을 이곳으로 끌어들이자.' 이게 모든 경찰고시학원의 운영 방식이다. 경찰고시학원은 나에게 새로운 세상이었다.

    학원에 다니면서 나는 그동안 우물 안 개구리 식으로 공부를 하였다는 사실을 알게 되었다. 학원 다니면서 일단 합격하는 것이 녹록하지 않다는 것을 깨달았다. 그전에는 '잘 찍으면 되겠지!'라는 생각에서 이제는 노력한 만큼 합격에 가까워진다는 것을 알게 된 것이다.

　학원을 다니게 되자 놀기 좋아했던 내가 하루 10시간 이상 공부를 하였다. 수많은 수험생들이 보이는 곳, 보이지 않는 곳에서 나보다 더 열심히 책과 씨름하고 있는 것 같아 마음이 불안하여 놀아도 노는 것 같지가 않았다.

　당시 나는 도시락을 두 개씩 싸서 학원에서 강의를 듣고 학원 내에 있는 자율학습실에서 밤늦게까지 공부를 하였다. 그리고 주변에 공부하는 수험생들이 라이벌이라는 생각에 그들이 공부하고 있으면 마음 편하게 쉬지도 못하였다.

　서울 노량진에 있는 고시학원에서 강의 듣기 좋은 자리를 확보하기 위해 수많은 수험생들이 새벽부터 줄서기는 기본, 점심은 컵밥으로 때우는 전쟁을 치르고 있다는 기사를 본 적이 있다. 하지만 그 많은 수험생들이 좋은 자리를 잡고 열심히 공부하는 것처럼 보이지만 실제로 공부하는 척, 열심히 하는 척 하는 부류가 태반이다. 그리고 진짜 열심히 공부하는 수험생 중 절반 이상은 개인 사정으로 인하여 중도에 포기한다. 그러니 진짜 라이벌은 따로 있다. 바로 나 자신이다. 이것은 필자가 1년 정도 고시학원을 다녀보아서 잘 안다.

　학원에서 그들보다 조금 더 책을 봐야 내가 합격할 수 있기 때문에 당시에 진짜 열심히 공부했다. 아마 학창 시절에 그렇게 공부했으면 서울대에 들어가지 않았나 싶다. 그렇지만 서울대에 들어갔어도 지금처럼 경찰이 되고 싶었을 것 같다. 경찰관은 그만큼 멋진 직업인 것 같다.

같은 곳에 근무하지는 않지만 어느 여경은 JYP오디션에 통과하였다고 한다. 하지만 그녀는 경찰에 들어와 근무를 하고 있다. 왜 그런 선택을 하였는지 그저 추측할 뿐이다. 나처럼 경찰관이라는 직업에 매력을 느껴서일 것이라고…….

또 다른 여경은 할머니께서 경찰관은 위험한 직업이라고 반대를 심하게 하셔서 수의학과에 진학하였고 대학 3학년을 마칠 쯤에 할머니께서 돌아가셔서 경찰행정학과로 다시 입학하였다고 한다. 그런데 경찰행정학과를 다녀야 경찰관이 되는 줄 알았는데 그럴 필요가 없다는 것을 알고 경찰행정학과를 다니는 중에 경찰시험을 보고 합격하여 지금 경찰관으로 근무하고 있다. 그만큼 경찰이라는 직업은 매력이 있다.

당시에 내가 유일하게 즐기던 컴퓨터 온라인 게임을 포기한 채 학원에서 책과 씨름을 하였다. 그렇게 계속 공부만 했더라면 더 빨리 합격했을 것이다. 하지만 학원에서 함께 공부하던 수험생들과 경찰시험 발표가 있은 후 마음을 다지자는 의미에서 한잔하였고 그만 그들과 어울려 PC방에 가고 말았다. 그토록 잘 참았던 온라인 게임을 하게 되자 마치 뚝방에 쌓아둔 제방이 터지듯이 게임이 하고 싶어 미칠 것만 같았다. 결국 PC방을 수차례 간 후 경찰시험에 또 낙방하였다.

그 결과 공부기간이 길어졌으며, 시간과 돈, 노력이 더 들어가게 되었다. 그때 PC방을 가지 않아야 했는데 나 자신과의 싸움에서

진 것이다. 경찰시험에 합격하기 위해 다른 경쟁자들을 두려워 할 것이 아니라 나 자신의 방만함을 경계해야 했었다.

필자는 그 후 정말 뼈를 깎는 고통으로 공부를 하였고, 충남지방경찰청 경찰채용시험에 응시하여 2002년 우리나라가 월드컵에서 4강 신화를 이루어 냈을 때 경찰시험에 최종 합격하였다는 것을 알게 되었다.

그리고 경찰신임교육을 받기 위하여 입교한 첫날 중앙경찰학교에서 당시 허준영 학교장님의 배려로 동기생들과 대강당에서 우리나라와 터키 국가대표팀의 4강 경기를 함께 관람하였다. 정말 그날의 감동은 평생 잊을 수가 없다.

여기까지가 필자의 경찰 합격 과정이다. 필자도 영어 실력 형편 없고, 학교생활도 엉망이었지만 포기하지 않고 끝까지 목표를 향해 달려 결국 경찰관이 되었다.

결코 꿈을 포기하지 말라는 뜻에서 내 이야기를 꺼냈으며 누구나 시작점은 똑같다고 알려주고 싶다. 그리고 인생에서 때늦음이란 없다.

'Impossible' is a word found only in the dictionary of fools.

불가능이란 겁쟁이들의 사전에서만 발견되는 단어이다.

— B. Napoleon

포기하지 않으면 실패는 없다

수험생들은 모두 시작선이 똑같거나 비슷하게 출발한다고 보면 된다. 누가 더 많이 노력했는지 누가 더 간절했는지 그게 중요하다. '그냥 열심히 노력한 사람이 합격한다'라고 생각하면 된다. 시험운도 열심히 노력한 사람한테만 붙는 것 같다. '학교 다닐 때 공부 못했다. 영어가 안 된다. 난 머리가 나쁘다.' 이렇게 이유를 생각할지도 모르지만, 그딴 거 다 필요 없다. 무조건 노력 많이 하고 더 간절한 사람이 합격한다. 이것은 모든 공무원 시험에 진리이다.

지금은 시험 과목이 바뀌어 국어, 사회, 국사, 수학, 과학 등이 포함되어 고등학교 시절부터 경찰시험을 준비할 기회가 생겼지만, 필자가 시험을 치를 때에는 형법, 경찰학개론, 수사, 형사소송법, 영어, 이렇게 다섯 과목이 전부였다.

이 중에서 필자가 제일 싫어하고 어려워했던 과목이 영어다. 근데 영어는 나만 어려운 게 아니라 경찰시험을 준비하는 모든 수험생이 어려워하는 과목이라는 것을 고시학원을 다니면서 느꼈다. 영어 못한다고 너무 자신감을 잃지 않아도 되며, 영어 때문에 경찰 시험을 포기하지 말자.

경찰공무원 준비하는 수험생이라면 이것을 명심하기 바란다. 모두가 출발선이 같다는 것이다. 공부가 힘들다고 하나 그게 어느 정도 실력과 이골이 붙다보면 책 보는 게 자연스러워진다. 공부를 하고 있으면 마음이 편안하고 안정되지만 오히려 놀고 있으면 마음이 불안하고 쉬어도 쉬는 것 같지가 않게 된다.

'인간은 무엇 때문에 사는가?'라는 질문에 철학자 아리스토텔레스가 명쾌한 답변을 하였다. 그는 '인간은 행복해지기 위해서 산다'고 말하였다. 그리고 행복해지는 방법에 대해서 그는 이렇게 말하였다. '목수가 목수 일을 하고, 농부가 농사일을 하며, 어부가 고기를 잡듯이 자기가 하고 있는 일에 최선을 다하면 우리 인간은 행복해진다'라고. 그럼 경찰공무원을 꿈꾸고 준비하는 수험생들은 무엇을 해야 행복할까? 지금 하는 일이 합격하기 위하여 공부하는 것이니까 공부 열심히 하는 게 가장 행복해질 수 있는 방법이다. 형사들에게 물어 보았다 언제 행복하냐고? 자신이 열심히 수사한 범인을 검거 하였을 때 희열과 행복을 느낀다고 하였다.

2015년 10월 경기도 용인에서 발생하였던 캣맘 사건을 기억하는가? 길고양이 집을 만들겠다는 여성이 고층 아파트에서 초등학생이 던진 벽돌에 맞아 사망한 사건이다. 당시 이 사건은 뉴스에 크게 보도되면서 사회적 관심이 매우 컸던 사건이었다. 그런데 이와 유사한 사건이 필자가 근무하는 광주북부경찰서 관내에 발생하여 경찰관들이 긴장되게 근무를 하였다. 2015년 10월 17일부터 12월 18일까지 5차례에 걸쳐 광주 북구 문흥동 한 8층 건물 옥상에서 지름 12cm, 무게 770g의 돌을 사람들이 지나는 인도 등에 던져 보행자들을 위협하였으며, 주로 사람들이 없는 새벽시간대에 일을 벌여 목격자 등을 찾기 힘든 상황이었다. 다행히 다친 사람들은 없었으나, 주차된 차량들이 피해를 입었고, 더 이상의 피해를 막기 위해 순찰차들이 가시적으로 그 주변에 순찰 및 거점근무를 하여 범인이 추가 범행을 저지르지 않도록 하였다. 필자는 광주북부경찰서 기동순찰대에 근무를 하여 야간에만 근무를 하기에 당시 사건 주변에 순찰 및 거점근무를 많이 하였다. 그러다 2016년 1월 14일에 피의자를 제주도에서 검거하였다는 뉴스를 보게 되었다. 아니, 광주에서 일어난 사건인데 어떻게 제주도에서 검거하였지? 텔레비전 뉴스에 피의자를 조사하는 형사의 모습이 나왔는데, 함께 지구대에서 근무하여 잘 아는 후배 박 아무개 형사였다.

'다음에 만나면 어떻게 검거했는지 물어봐야지'라고 생각하다 우연히 경찰서 입구에서 박 아무개 형사를 만나게 되었다.

"야, 너 그 캣맘 사건 피의자 어떻게 검거한 거냐?"

"CCTV 깠어요."

"어떻게?"

"그 사건 건물에서부터 쭈욱 CCTV 뒤로 넘겨, CCTV 동선을 따라 그 피의자가 사는 집 근처까지 알게 되었네요. 그리고 그 피의자가 제주도로 간 사실을 알고 제주도까지 찾아가 검거하게 되었습니다."

말은 이렇게 간단하게 하였지만 그 박 형사가 했을 고생을 생각하니 범인 검거 당시의 희열이 나에게 전이되는 것을 느꼈다. 일반인들은 범인이 CCTV에 찍혔으니 경찰이 바로 검거할 줄 아는 경우가 많다. 하지만 낙동강에서 오리 알을 찾듯이 신분을 밝혀내기가 여간 힘든 게 아니다.

필자가 과거 함께 근무하여 잘 아는 광주지방청 광역수사대 미제사건전담팀 근무하는 염봉원 형사는 미제 사건 기록에서 작은 단서를 찾기 위하여 컴퓨터 화면을 계속 쳐다보니 눈이 아프다고 말했다. 작은 단서를 찾기 위해 눈이 아프도록 보고 또 보는 것이다.

이 박 형사도 그 많은 CCTV 화면을 보고 또 보고 얼마나 봤을까? 그리고 그 사람의 신원을 파악하기 위해 무척 고생하였을 거라 생각도 들었지만 그게 형사가 하는 일이고 수사한 범인을 잡았으니 행복감은 이루 말할 수 없을 것이라 생각한다.

어렵다고 생각하면 어렵지만 내가 경찰채용시험에 합격하고 나니 그렇게 어려웠던 시험도 아닌 것 같았다. 망설이지 말고 과감히 공부하여 꿈을 이루기 바란다.

『초한지』를 읽어보면 유방에게 패한 항우가 오강에서 자신의 용맹을 보여 준 뒤 스스로 목숨을 끊는다. 그때 그의 나이가 31세였다. 만일 그가 오강을 건너 강동으로 돌아가 권토중래 하여 유방에게 도전하였다면 승패는 어떻게 되었을까?

그대여! 꿈을 너무 쉽게 포기하지 말며, 실패를 두려워하지 말고, 항상 다시 시작할 수 있는 마음을 갖기 바란다.

모든 접촉은 흔적을 남긴다.

-에드몽 로카스

다양한 입문 경로
- 모로 가도 서울만 가면 된다

　인생은 기회의 연속이라는 말이 있다. 행운이라는 기회가 자주 찾아오면 좋겠지만 그런 기회는 오로지 준비된 자에게 찾아온다. 하지만 우연히 로또처럼 대박이 날 수도 있다. 물론 로또를 샀으니까 그런 기회가 온 것이다.

　이 이야기를 쓰는 이유는 단지 신고만 하였는데 경찰관이 된 사연이 있기 때문이다. 예전에 강도살인으로 복역하다 탈옥한 신창원이라는 탈주범이 있었다. 신창원을 검거하기 위하여 수많은 경찰관들이 동원되었지만 잡지 못하고 장기간 국민들이 불안에 떨었다. 그러다 어느 순간 탈주범을 오히려 국민적 영웅으로 찬양하는 실정까지 갔었다. 이에 신창원이 머물다 간 지역 고위 경찰관들이 탈주범을 검거치 못한 책임을 지고 옷을 벗는 사태까지 갔었다. 그러다 1999년 7월에 전남 순천 지역 한 아파트에서 가스 AS기사가 신창원이 애인의 집에 숨어있는 것을 발견하고 경찰에 신고하였고,

이 신고의 대가로 그는 오래전부터 꿈이었던 경찰관에 특채되는 기쁨을 맛보았다. 정말 로또 같은 행운이 아닐까 싶다.

　신창원을 검거한 형사는 특진하였고 그 당시 상황실에서 이 분의 신고 전화를 받았던 여경 역시 특진에 영광을 받았다. 신고 전화 받은 여경은 순천경찰서에서 근무하지 않았고 서울청에서 근무하였으나, 신고자의 제보를 잘 파악하고 관할 경찰서에 잘 전파한 공으로 특진한 것이다. 필자 역시 중요한 제보 전화를 받은 적이 있으나, 그냥 대충 흘려보낸 적이 있다. 특진할 기회를 발로 차버린 것이다. 이 이야기는 뒤에 다시 하겠다.

　2014년에 발생한 세월호 사건은 모든 국민을 슬픔에 빠지게 만든 사건이었다. 그 세월호를 운영하는 세모그룹 회장 유병언을 최종 책임자로 본 검경은 그를 검거하기 위하여 대대적인 체포 작전을 펼쳤으나, 끝내 검거하지 못하였다. 장기적으로 흐르자, 정부가 국민의 여론을 의식하여 유병언 신고 포상금을 5천만 원에서 5억 원으로 대폭 올렸으나 검거하지 못하였다.

　당시 필자는 지구대에 근무하고 있었다. 유병언 검거를 위해 관내 고급 주택과 빌라 등을 살펴보고 유병언이 숨어 있을 만한 의심 가는 집을 찾아 보고하라는 상부의 지시를 받았다.

　이 지시로 순찰할 때마다 고급 주택을 살펴보던 기억이 난다. 동료들과 "설마 이곳에 유병언이 있겠어." 말은 그렇게 하면서도 혹시 운이 좋아 내가 발견할 수만 있다면 얼마나 좋을까라는 생각을 근무 때마다 하였다.

당시에 유병언 검거, 또는 발견한 경찰관은 경감까지 특진이라는 어마어마한 특진공약이 있었다. 경감을 달면 피출소장, 지구대상이 되는 것이다. 경찰관이 아닌 일반인이 신고하였다면 신창원 제보자처럼 과감히 경찰관으로 특채 될 상황이었다.

특채 이야기가 나와서 잠시 특채에 대하여 이야기를 하고 넘어가도록 하겠다. 지구대에 같이 근무하던 후배가 있었는데, 검도 특채로 경찰관에 들어왔다고 하였다. 운이 좋아 경찰 특채 모집에 신청하여 합격하였다고 한다. 아주 편안하게 운동만 하다 들어온 케이스다. 쉽게 경찰에 들어와서 그런지 경찰업무도 설렁설렁 하고 경찰관 직업에 대한 자긍심이 나보다 부족해 보였다. 필자는 죽을 듯이 공부해 어렵게 합격했는데 이 후배를 보면 약간 배가 아프다.

가끔 경찰관은 되고 싶은데 머리가 안 된다는 준비생들이 있다. 그럼 운동이라도 열심히 해라. 아니면 다른 자신만의 특기를 찾아봐야 한다. 경찰특공대 모집은 필기시험이 3할을 차지한다. 일반 채용시험이 필기시험 5할의 비중에 비교하면 공부에 대한 부담은 적은 편이라 할 수 있겠다. 몸이 건강하고 튼튼하다면 해 볼만 하다.

요즘 다양한 특채의 기회가 있다. 그러니 경찰관이 되고 싶은 사람은 사이버경찰청 채용공고를 눈여겨봐야 한다. 국악이나 이와 관련된 학과를 전공하였다면 경찰 국악대 특채, 아동관련 학과를 나왔다면 학교폭력예방 전문관 특채, 무선관련 또는 전산관련 자격증이 있다면 정보화 장비 특채 시험에 응시하면 되겠다. 교통공학 관련 학과 또는 그와 관련된 일을 하고 있다면 교통조사관 특채 등 특별 채용 분야도 있으니 채용 정보를 항상 눈여겨봐야 한다.

이렇게 특채로 합격한 경찰관들은 해당부서에 2~5년간 의무 복무 한 후, 자신이 원하면 타 부서에 자유롭게 지원하여 근무할 수가 있다. 물론 형사가 되고 싶다면 의무 복무를 마친 후 형사과에 지원서를 보내면 된다.

특채로 채용되었다고 형사가 되지 않는 것은 아니다. 그러니 일단 경찰시험에 합격할 수 있는 다양한 입직 경로를 파악하고 그에 맞게 준비하여 경찰에 들어오자.

순경 되는 법

필자가 네이버지식인에서 경찰직업과 관련된 질문에 답변하고 채택된 내용들이다.

순경되는법 20
wjda**** | 질문 136건 질문마감률 70% | 2016.05.08. 20:44

제 꿈이 경찰 (순경)인데 꼭 가산점이 필요한가요???
교통경찰 쪽으로 가고싶은데

질문자 채택 모험가(honga6330)님의 답변입니다.
채택답변수 126 | 2016.05.08. 22:16

질문자 인사 답변내용이 많은 도움 되었습니다.

가산점은 합격 여부 크게 영향을 미치지 않지만 많은 경찰수험생들이 불안한 마음에 가산점을 되도록이면 모두 채우려고 합니다. 남들보다 시험문제 한개라도 더 맞고 더 높은 점수를 받도록 필기시험에 더 집중하세요. 가산점 5점, 필기시험 50점, 체력검사 25점, 면접20점 입니다. 다합산하여 100점 만점이 되는데 보통 순경시험 평균이 70점 내외 입니다. 비중 높은 필기시험에 집중하세요.

38

2015년까지는 필기시험 50점, 체력검사 25점, 면접 20점, 가산점 5점을 합산하여 100점 만점이 되었지만 2016년 경찰청 채용 공고문을 보면 최종합격자는 필기 50%+체력 25%+면접 25%(가산점 자격증 5%)의 고득점자순 결정한다고 되어 있다. 그러니 필자의 저 답변은 지금 채용 공고와 약간 맞지 않다고 보인다. 경찰채용시험의 마지막 관문인 면접시험에서 가산점이 합산되기 때문이다.

자격증, 무도단증 등을 따려고 시간과 돈을 투자하는데, 필자는 굳이 그렇게 노력할 바에 영어 단어 외우는 것을 권한다. 그 이유는 경찰필기시험 점수가 그렇게 높지 않기 때문이다.

2014년 2차 순경시험 지역별 합격선			
서울(남경)	66.6	부산(남경)	65.24
대구(남경)	65.24	대전(남경)	67.27
경기(남경)	66.48	경기(여경)	72.48
충남(남경)	65.02	경북(남경)	68.19
경북(여경)	72	경남(남경)	65
제주(남경)	66.77		

의외로 점수가 높지 않다. 다들 조금만 열심히 하면 합격할 수 있다. 2016년 순경 공개채용 2차 필기 점수도 높지 않다.

2016년 경찰공무원 순경 2차 필기합격선			
서울(남경)	65.3	부산(남경)	69
대구(남경)	68.9	대전(남경)	70.4
광주(남경)	70.4	광주(여경)	75.4
부산(여경)	74.7	경기남부(남경)	64.8
경기북부(남경)	62.5	강원(남경)	65
제주(남경)	67.56		

여기서 중요한 것은 과목마다 40점을 넘어야 한다. 한국사 100점, 수학 100점, 사회 100점, 형법 100점 네 과목 모두를 100점 맞아도 영어가 35점이라면 탈락이다.

경찰행정학과 특채에는 영어과목이 포함되지 않아 상대적으로 필기점수가 일반 순경 공채시험보다 높다. 그리고 경찰행정학과 특별채용 시험은 과목마다 60점을 넘겨야 한다.

이와 비슷하게 체력시험 5개 종목 100미터 달리기, 1,000미터 달리기, 좌우악력, 윗몸일으키기, 팔굽혀펴기에서 한 종목이라도 1점을 받으면 탈락한다. 그런데 정상인이라면 누구나 1점 이상을 받을 수 있으니 너무 걱정하지 않아도 되며 필기시험을 통과한 후에 체력시험을 준비하여도 충분하니 미리 체력시험 준비에 많은 시간을 허비하지 말자. 이것은 필자의 주관적인 생각이다. 필자가 채용시험 볼 당시에 체력시험 점수가 10점이었으나, 지금은 체력시험 점수가 25점으로 상향되었다. 그리고 필자는 평소에 어느 정도 기초체력이 있어 따로 체력시험 준비를 하지 않아 이런 글을 쓰는 것이다. 만일 체력이 약하다면 필기시험 준비를 하면서 별도로 운동을 하여야 한다.

2016년 9월 2일 288기 일반과정 남경 중 졸업성적 1위를 하여 경찰청장표창을 받고 현재 서울청에 근무하는 김 순경은 당시 수험생활에 대하여 이렇게 말하였다.

"수험시절에 독이 되었던 것은 슬럼프 기간이었습니다. 경찰 시험이 1년에 두 번 있어서 슬럼프에 빠지면 공부할 수 있는 기간이 그만큼 짧아지기 때문에 슬럼프 기간이 정말 독이라고 생각합니다. 수험생 여러분은 슬럼프에 빠질 것 같은 기분이 들면, 시험까지 남은 기간을 세어보고 빨리 극복하시길 바랍니다. 반면 득이 되었던 것은 성공한 사람들의 이야기였습니다. 사법고시를 합격한 사람들의 합격수기를 읽기도 했는데요. 나보다 피나는 노력을 한 사람들의 이야기를 들으면서 저를 채찍질하고 다시 수험공부에 정진할 수 있었습니다."

그리고 그는 공부와 운동병행은 필수라고 말한다. 필기는 통과 관문일 뿐이고, 체력시험에서 점수가 크게 차이나서 최종합격 때 결과를 뒤집을 수도 있다고 말하였다. 그러니 필자의 말처럼 체력시험을 소홀히 하지 말고 최근 순경 공채시험 합격자의 말대로 처음부터 서서히 체력시험을 준비하여야겠다.

광주에 근무하는 여자경찰관은 경기지방경찰청에 응시하여 합격한 후, 그곳에서 근무를 하다 광주지방경찰청 여경 채용시험에 재차 응시하여 합격하였다.

대한민국 경찰공무원은 지방공무원이 아닌 국가공무원이기 때문에 연고지 신청을 통해서 얼마든지 자유롭게 이동이 가능하다. 하지만 이 여경은 빨리 자신의 생활 터전인 광주 지역에서 근무하고 싶어 그런 선택을 한 것으로 보인다.

이 여경과 함께 근무하던 또 다른 남자 신임직원은 경찰시험을 무려 30번 떨어지고 늦은 나이에 합격하였다. 30번 정도 떨어졌으면 경찰시험을 포기할 만도 한데 끝까지 도전하다니 그 포기하지 않는 정신에 감탄을 금할 수가 없다. 이 두 사람과 함께 근무하던 동료들은 이들을 특이한 케이스라고 놀리며 웃었다.

필자가 신임순경 당시에 아주 특별한 동기가 있었다. 그 동기와 2003년 8월에 지구대가 처음 생겨나면서 함께 근무를 하게 되었다. 그 친구는 처음 발령 받은 곳이 보령시에서 가장 바쁜 대천파출소였고, 필자는 한적한 청소파출소라 경찰업무 특히 형사 사건을 해 본적이 없어 모든 게 낯설고 힘들었다.

하지만 동기는 어떤 어려운 사건도 정말 요술같이 쉽게 해결하였다. 나이도 같아서 아주 친하게 지내며 그 동기에게 경찰업무들을 배웠다. 그와 보령경찰서 대천지구대에서 함께 근무를 하면서 그 친구가 근무 중에 승진시험 또는 간부시험 공부를 위해 책을 보는 것을 단 한 번도 본 적이 없었다. 물론 이 대천지구대는 필자가 지금까지 근무하였던 지구대 중에서 바쁘기로 따지면 1, 2위를 다투는 그런 곳이니 책을 보려 하여도 보기가 힘들 것이다.

그런데 그 친구가 2년 후에 경찰간부시험에 합격을 하여 순경에서 경위로 껑충 신분상승을 하였다. 당시에 그 친구와 함께 순찰차를 타고 퇴근 후에 술을 마시면 둘 다 총각 때인지라 무용담처럼 연애경험담만 주구장창 하였다. 이렇게 같이 놀았던 동기가 경찰간부 시험에 합격하다니 정말 놀라웠다.

한 사람은 순경 시험에 30번 낙방하고 합격하였고, 또 한 사람은 그 어렵다는 여자경찰시험에 합격한 후 근무 하다 또 다시 순경 공채시험을 봐 합격하여 다시 들어왔으며, 또 한 사람은 순경생활을 하다 경찰간부시험을 보고 경위로 합격하여 다시 들어왔다. 이들 세 사람 중 누가 더 대단한가? 필자는 우열을 가리기 힘들다.

경찰관에게는 연 2회(5월, 10월) 지방경찰청 간 또는 경찰서 간 인사이동의 기회가 주어진다. 본인이 원한다면 경북지방경찰청 소속 독도경비대로 독도에서 근무할 수 있고, 강원도 또는 제주도에서도 근무할 수가 있다. 필자는 충남지방경찰청 보령경찰서에서 2002년 12월부터 근무하다 고향에서 근무하고 싶어 연고지 신청으로 전남지방경찰청으로 2006년 5월 전입하였다. 필자가 청간이동 신청을 할 당시에는 임용된 지방청에서 2년 이상 근무자면 누구나 신청할 수 있었지만 지금은 신임순경은 최초 임용된 지방청에서 10년간 의무 복무를 해야 하므로 그 기간 타 지방청으로의 이동이 제한된다. 임용 후 10년 이상자

순경공채시험에 학력제한은 없다. 중학교 졸업만 하여도 시험에 응시할 수 있으나, 면접시험에서 고등학교 생활기록부를 면밀히 살펴본다고 하니 무단결석 등을 하지 않는 게 좋을 것이다. 요즘 공기업뿐만 아니라 사기업에서도 고등학교 생활기록부를 살펴본다.

단지 얼굴만 보고 상대방의 모든 것을 다 파악할 수 없기 때문에 생활기록부를 살펴보는 것인데 이것은 어디까지나 참고용이지만 그래도 비슷한 점수를 가진 지원자들이라면 아무래도 면접관이 올바른 심성을 가진 사람에게 더 점수를 후하게 주지 않겠나 싶다. 만약 검정고시 또는 중졸 출신자라면 고등학교를 졸업하지 않은 이유를 명확하게 답변할 수 있도록 대비해야겠다.

학창시절 질풍노도의 시기를 가졌다면 너무 절망하지 말고 필기시험과 체력시험에 더 많은 점수를 받도록 노력하고 면접관에게 당시의 과오를 후회하고 지금은 열심히 바르게 생활하는 것을 어필하면 된다.

경찰관이 되겠다고 마음먹은 사람은 사이버경찰청 채용공고를 수시로 확인하여야 한다. 그 이유는 필자가 합격하던 2002년에 경찰관 채용을 1, 2차 두 번만 채용한다고 연초에 공시를 하여 모든 수험생들이 그런 줄 알고 1차 채용시험이 끝난 후, 불합격자들이나 예비 수험생들이 하반기 2차 채용시험을 준비하겠다며 느긋한 마음을 가졌는데, 갑자기 생각지도 않은 채용시험이 2002년 6월 중순에 발표가 났다. 그것도 700명 가까운 인원을 채용한 것이다.

필자가 1차 채용시험을 합격하고 중앙경찰학교에서 신임순경교육을 받는 중에 다음 기수가 들어왔는데, 경찰고시학원에서 매일 공부도 안하고 놀던 후배가 있어 깜짝 놀랐다. 어떻게 들어온 거냐고 물어보았더니 생각지도 않은 경찰채용시험이 갑자기 생겨 운좋게 들어왔다고 말했다. 정말 운이 좋은 것이다. 이런 걸 관운이라 말하지 않는가.

박근혜 대통령의 대선 공약에 따라 최근 몇 년간 경찰관 채용 수가 크게 늘었다. 하지만 2016년부터 경찰관 채용 수가 급격히 줄어들고 있지만 사회 분위기는 경찰관과 소방관들을 많이 채용되어야 한다는 여론이 강하다. 항상 준비하면 기회가 찾아온다는 말이다.

> ✕ **공부하는 사람이 경계해야 할 두 가지**
> 첫째, 목표를 처음부터 작게 세우는 것.
> 둘째, 마음이 들떠서 도중에 포기하는 것.
> 목표는 커야 하고 행보는 황소와 같이 하라.

필자가 네이버지식인에서 경찰직업과 관련된 질문에 답변하고 채택된 내용이다.

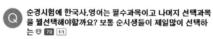

순경시험에 한국사,영어는 필수과목이고 나머지 선택과목을 뭘선택해야할까요? 보통 순시생들이 제일많이 선택하는

형사가 되고 싶다면 매년 치르는 형사법 시험에 합격하고 수사경과자로 등록이 되어야 한다. 그러니 형법, 형사소송법을 채용시험 단계에서 꼭 공부하기 바란다. 그리고 시험승진에서도 이 두 과목이 들어가기 때문에 미리 공부해두면 여러모로 유용하다.

경과란 무엇인가? 궁금할 수 있으니 설명하겠다.

    경과란 경찰공무원을 그 직무에 따라 구분한 것을 말한다. 경찰의 역할, 담당하는 업무 특성에 맞게 구분지어 경찰공무원 신규 채용할 때에 일반요원으로 채용된 자를 일반경과, 수사요원으로 채용된 자를 수사경과, 보안요원으로 채용된 자를 보안경과, 특수기술요원으로 채용된 자에게는 해당 경과를 부여한 것이다.

    그리고 한번 경과가 정해져도 경과를 옮기고 바꿀 수 있다. 일반 경과자들이 매년 수사경과 시험을 보고 합격하면 수사경과자로 수사부서에 지원할 수가 있는 것이다. 이를 전과라 한다.

자신에게
부끄러운 사람이 되지 말자

경찰관이 되어서 자기관리도 중요하지만 합격하기 전에도 자기
관리가 중요하다. 필기시험의 합격하고 체력시험 등을 모두 합격
하게 되면 최종 면접시험을 보는데 그 전에 신원조회서를 제출하
게 된다.

이 조회서에 전과기록 등이 모두 나오게 되는데, 전과자가 경찰
관이 된다면 국민들이 경찰을 신뢰할 수 없기 때문에 면접에서 과
감히 떨어뜨린다. 하지만 많은 경찰관들을 대거 채용하는 경우에
작은 실수를 저지른 전과자들도 경찰관에 채용되는 경우가 있다.
하지만 이 경우는 정말 모험이고 운이 따라야 한다.

경찰관 채용시험에서 동점자가 나올 경우 합격자 결정은 다음 순위에 따라 앞 순위자를 합격자로 결정된다.

1. 국가유공자 등 예우 및 지원에 관한 법률, 또는 독립유공자 예우에 관한 법률 규정에 따른 취업보호대상자

2. 필기시험성적

3. 면접시험성적

4. 체력검사성적

필자가 네이버지식인에서 경찰과 관련된 질문에 답변하고 채택된 내용이다.

경찰공무원 시험 응시자격 문의   👍0

비공개 | 질문 60건 질문마감율 97.6% 2016.08.07. 19:37   답변 1 | 조회 47

안녕하세요.. 저는 32세의 남성입니다
경찰공무원에 관심이 있는데.. 응시자격이 되는지 궁금하여 이렇게 질문을 남깁니다. 저는 검정고시로 고등학교 졸업장을 취득한 상태입니다.

몸에 문신을 했다가 지운 흔적이 있습니다 화상자국 처럼 있으며 손목과 팔뚝 위쪽입니다 얼핏보면 그냥 화상자국 같습니다. 남은 문신은 레이저로 모두 지웠습니다.

2010년 은행 365 코너가 문을 닫을 시간에 돈을 찾다가
은행안에 누가 두고간 가방을 습득했으나 연락처나 인적사항이 없는 탓에 집에 보관하던 중 은행cctv와 제가 현금인출을 한 정보를 토대로 제가 가방을 가지고 나간 사실이 확인되어 특수절도죄로 조사를 받았습니다.
가방에는 현금이나 금품등이 전혀 없었으며 저는 주인을 찾아줘야하는데 365창구가
문을 닫기 직전이라 집으로 가지고 온 것 뿐이었습니다.
찾아주고는 싶었으나 제대로 된 인적사항도 없었고 되려
경찰서에 신고를 했다 가방주인으로 부터 현금이나 귀금속이 있었다라고 협박을 받을까 두려워 집에 보관하고 있었습니다. 실제 가방주인과 합의하던 과정에서 있지도 않았던 현금 200만원과 브랜드가 없는 가방을 구찌 명품가방이라며
되려 합의를 가장한 협박을 당하기도 했습니다.

저는 사실대로 진술을 했으며 검사로부터 기소유예 처분을 받았습니다.

혹시라도 위에 기재한 내용 중 경찰공무원 응시자격에 결격사유가 될 수 있는지 궁금합니다.

위 질문에 자신 있게 답변하였던 이유는 함께 경찰시험준비를 하
던 선배 한 분이 전과 기록으로 인하여 낙방 하는 것을 봤기 때문
이다. 그 선배는 필기시험만 5번 합격하였고, 마지막 관문인 면접
에서 쓴 고배를 계속 마셨다. 자신의 필기시험 점수가 나빠 떨어졌
다 생각하고 더욱 분발하면서 말이다.

마지막으로 시험을 치르고 면접관이던 경찰관이 그 선배에게 다
음부터는 오지 말라고 하였다고 했다. 그 선배는 젊었을 때 벌금형
의 처벌을 받은 전과가 있었기 때문에 면접에서 합격할 수가 없다
는 말을 들었다는 것이다. 그리고 그 마지막 면접시험이 끝나고 학
원에 오더니 자신의 짐을 모두 싸 떠났다.

경찰생활 중에 동료 경찰관이 의경채용면접관으로 뽑혀 면접을
보고 와 들려준 이야기가 있다. 의경채용에도 의경 지원자는 신원
조회서를 제출한다. 면접관은 그들의 전과기록 등을 상세히 볼 수
가 있다.

의경면접시험을 7번 보러 온 의경지원자가 있는데 '강제추행죄'라는 전과가 있었다는 것이었다. 그러니 당연히 불합격 처리를 하였고, 혹시나 하는 마음에 그 수험생에게 이번에 떨어지면 또 지원할 것이냐고 물어보았다고 한다. 그 지원자는 자신 있게 "네" 하고 대답을 하였는데, 차마 전과가 있어 합격하기 힘들다는 말을 못하였다고 한다. 전과가 있다고 의경채용시험에 자격이 없는 것은 아니기 때문에 괜히 꼬투리를 잡힐 필요가 없어서 말을 안했다고 한다.

2016년 4월경부터 의경면접시험이 사라졌다. 자격 요건을 갖춘 의경지원자들을 컴퓨터로 무작위 추첨을 통해서 의경을 뽑는다고 하니 의경을 생각하는 사람은 참고하기 바란다.

경찰채용시험도 자격요건을 보면,

경찰공무원법 제7조 제2항 4호에 자격정지 이상의 형을 선고받은 경우 또는 자격정지 이상의 형을 선고유예 받고 그 기간 중에 있는 자는 경찰공무원이 될 수 없다고 나와 있다.

벌금형은 자격정지보다 처벌수위가 한참 아래에 있기 때문에 경찰공무원시험에 응시할 수가 있고, 경찰관이 될 수가 있다. 벌금형보다 처벌 수위가 낮은 선고유예, 기소유예 등도 마찬가지로 경찰관시험에 응시하여 경찰관이 될 수가 있는 것이다. 다만 최종 면접시험에서 얼마나 면접관의 마음을 감동시킬 수 있느냐? 이것이 관건이다. 필기시험 점수도 비슷하고 체력점수도 비슷하다면 과연 면접관이 전과가 있는 수험생에게 후한 점수를 주겠는가 말이다. 특히 성범죄, 절도죄라는 죄명의 전과가 있다고 하면 더욱 그러할 것이다.

총경으로 재직하다 퇴직하신 장신중의 저서 『경찰의 민낯』이라는 책의 잊지 못할 에피소드 편에서 집단 퇴교 위기에 몰렸던 중앙경찰학교 교육생이라는 부분이 있다. 2011년 4월 20일경 중앙경찰학교 교육생 130여 명에 대한 집단 퇴교 조치 문제가 불거졌다고 한다. 교육생 중 성범죄를 비롯한 전과자가 130여 명이나 포함되어 있다는 보고를 당시 조현오 청장이 듣고 교육생 전원을 퇴교시키라고 지시한 것이다. 어떻게 그 많은 교육생이 합격했는지 아이러니하다. 그리고 이미 합격하였는데 또 퇴교시키라고 하니 그것도 문제가 아닐 수 없다.

교육생들의 전과는 국가공무원법과 경찰공무원법상 결격사유에 해당되지 않은 사안이기 때문에 참모진들이 걱정을 하였지만 모두 이 사실을 청장에게 보고하지 않았다고 한다. 청장이 지시하는 사항을 누가 반박하려고 하겠는가? 하지만 장신중 저자가 청장을 찾아 퇴교 조치의 부당함을 설명하여 신임 순경 교육생들이 집단 퇴교될 위기를 간신히 넘겼다고 한다.

이렇게 전과 기록이 있는데 경찰시험을 본다는 것은 남들보다 넘어야 한 관문이 두 배 이상 많다고 보면 된다. 정말 모험이라 할 수 있다.

필자가 경찰 신체검사를 받을 당시 손목과 손등에 담배자국이 있던 수험생을 돌려보내던 경찰감독관의 모습도 생각난다. 이런 이유들로 위 답변을 하였고, 혹시 잘못된 답변이 아닐까 싶어 다시 이 문제를 곰곰이 생각하고 살펴보았다.

경찰공무원임용령 시행규칙 제34조 제7항에 문신에 대한 항목이 나온다. 시술동기, 의미 및 크기가 경찰공무원의 명예를 훼손할 수 있다고 판단되는 문신이 없어야 한다. 이렇게 적시되어 있는데 이 말의 뜻을 한마디로 요약하면 문신하면 경찰이 될 수 없다 이 말이다.

이런 이유들로 인하여 위 질문에 질문자에게는 미안한 마음이 들었지만 경찰에 들어올 수 없다고 답변을 하였다.

바둑은 잘 두는 사람이 이기는 게 아니다. 실수를 적게 하는 사람이 이기는 것이다. 인생도 마찬가지다 실수하지 말자.

2016년 초·중·고생 희망직업 순위		
	초등학생	중학생	고등학생
①	선생님(교사) 9.6%	선생님(교사) 13.5%	선생님(교사) 12.0%
②	운동선수 8.8%	경찰 5.8%	간호사 5.0%
③	의사 6.8%	의사 4.0%	생명·자연과학자 및 연구원 4.5%
④	요리사	운동선수	경찰
⑤	경찰	군인	군인
⑥	법조인 (판·검사, 변호사)	요리사	정보시스템 및 보안전문가

2016년 초·중·고생 희망직업 순위		
초등학생	중학생	고등학생
⑦ 가수	생명·자연과학자 및 연구원	요리사
⑧ 제빵원 및 제과원	정보시스템 및 보안전문가	의사
⑨ 과학자	가수	기계공학기술자 및 연구원
⑩ 프로게이머	공무원	승무원

– 자료: 교육부, 한국직업능력개발원(2016. 12. 20.)

학생인권조례가 2010년 10월 5일 경기도 교육청에서 발표된 후, 각 교육청마다 비슷한 내용의 학생인권조례를 발표하였다. 그 중 서울 교육청 학생인권조례의 주요 내용에 일부를 살펴보면 다음과 같다.

•차별받지 않을 권리 •폭력으로부터 자유로울 권리 •정규교과 이외의 교육활동의 자유 •두발, 복장 자유화 등 개성을 실현할 권리 •소지품 검사 금지, 휴대폰 사용 자유 등이 있다.

두발, 복장 자유화 등 개성을 실현할 권리라는 항목이 각 교육청 학생인권조례에 대부분 기재되어 요즘 학생들은 화장과 머리 염색 등을 당연시 하고 교복치마는 초 미니로 줄여서 아찔하게 등하교를 하고 있다. 하지만 이것보다 더 큰 문제는 청소년들이 아무런 생각 없이 화장이나 패션의 일부로 자신의 몸에 문신(타투)을 새기는 것이다.

초·중·고등학생들의 직업 선호도 순위 10위 안에 매년 경찰관이라는 직업이 들어가 있다. 경찰관이 희망이라는 청소년들이 경찰관 채용시험에서 문신(타투)이 피부에 있으면 불합격 된다는 사실을 모르는 경우가 너무 많다. 남에게 피해를 준 것도 아닌데 왜 탈락을 시킬까? 타인에게 혐오감 및 불안감을 조성하기 때문이다. 나이가 어리고 철이 없어서 자신의 잘못을 모를 수도 있다. 그렇기 때문에 우리 기성세대가 방치하지 말고 적극 나서서 청소년들이 자신의 몸을 사랑하고 아낄 수 있도록 돌보고 조언을 해야 한다. 이런 글을 쓰면 고루한 옛날 사람으로 보이겠지만 나부터 한마디 해야겠다.

身體髮膚(신체발부) 受之父母(수지부모) 不敢毀傷(불감훼상) 孝之始也(효지시야)

-사람의 신체와 터럭과 살갗은 부모에게서 받은 것이니, 이것을 손상하지 않는 것이 효의 시작이다.-

Ⅱ. 경찰관 입문 후

자기관리가 안 되는 사람은 로또에 당첨이 되어도 불행할 수밖에 없다. 그 많은 당첨금을 다 써보기도 전에 방탕한 생활로 자신의 몸을 망치기 때문에 오히려 불행을 가져올 것이다.

자기관리가 중요

경찰관은 자기관리가 중요한 직업이다. 경찰관이 음주운전을 하게 되면 좋은 뉴스거리가 된다. 경찰관이 아닌 일반 직장인이 음주운전을 하다 적발이 된다면 뉴스의 소재가 될까?

경찰관은 공인이기 때문에 타에 모범이 되어야 한다. 만약 경찰 제복을 입고 공공장소에서 노상방뇨를 하고, 담배꽁초를 버리고, 가래침을 뱉는다면 이를 보는 시민들이 눈살을 찌푸리고 경찰관들을 혐오할 것이며 누가 그들의 말을 따르려고 하겠는가? 그래서 공무원법에 성실의무와 품위유지의무를 규정하였고 이를 어겼을 경우 강력하게 제재를 가할 수 있도록 하였다.

한술 더 나아가 대통령령이 정한 경찰공무원 복무규정에는 다음 사항이 명시되어 있다.

◎경찰공무원 복무규정

제3장 복무 등

제4조(예절) ①경찰공무원은 고운 말을 사용하도록 노력하여야 하며, 국민에게 겸손하고 친절하여야 한다.

②경찰공무원은 상·하급자 및 동료 간에 서로 예절을 지켜야 한다.

제5조(용모·복장) 경찰공무원은 용모와 복장을 단정히 하여 품위를 유지하여야 한다.

제6조(환경정돈) 경찰공무원은 사무실과 그 주변 환경을 항상 깨끗하게 정리·정돈하여 명랑한 분위기를 유지하여야 한다.

제9조(근무시간 중 음주금지) 경찰공무원은 근무시간 중 음주를 하여서는 아니 된다. 다만, 특별한 사정이 있는 경우에는 예외로 하되, 이 경우 주기가 있는 상태에서 직무를 수행하여서는 아니 된다.

(개정 1991. 7. 30., 2008. 11. 11.)

사실 대부분의 경찰관들이 위 내용을 전부 기억하고 있지 않으며, 위의 규정처럼 모범적으로 행동하려고 노력하지도 않는다. 하지만 자신과 가족, 경찰 조직을 위하여 사회로부터 질타 받는 행동을 하지 않으려는 마음은 항상 간직하고 있다.

하지만 의경을 포함하여 15만 명이 넘는 거대한 경찰 조직이라 간혹 한두 사람 잘못을 저지르고 언론에 보도 되어 경찰이미지를 실추시키기도 한다. 그러나 실수가 잦아서는 안 되며 공인으로써 모범이 되도록 해야 된다. 경찰공무원 복무규정이 쓸데없이 있는 것이 아니다.

다산 정약용 선생님의 『목민심서』에는, 사람은 항상 겸손하며 지혜를 구해 지혜를 얻어야 하며, 지방관은 백성을 위해 일하고 백성을 사랑하며 만백성 또한 지방관을 잘 따르고 청렴하게 절약하여 살아야 한다고 말하고 있다.

경찰관이 바로 이 지방 관리이다. 항상 겸손하고 청렴하게 지내도록 노력하자.

자기관리가 안 되는 사람은 로또에 당첨이 되어도 불행할 수밖에 없다. 그 많은 당첨금을 다 써보기도 전에 방탕한 생활로 자신의 몸을 망치기 때문에 오히려 불행을 가져올 것이다. 혹시라도 자기관리가 안 된다고 생각되는 사람은 세 가지를 습관화하여 자신을 통제하기 바란다.

첫 번째 일기 쓰기를 추천한다. 일기 쓰는 습관을 갖게 되면 자신을 생각하고 반성하게 되기 때문이다. 일기는 밤에 잠자기 전에 쓰지 않아도 된다. 그리고 한 줄만 써도 되고 아침에 일어나서 써도 되니까 하루 10분만 투자하여 일기 쓰는 습관을 가져 보자.

두 번째 방법은 산책이다. 조용하고 걷기 좋은 공원이나 학교 운동장, 동네 주변을 산보를 하는 것이다. 자신을 생각하면서 걷는 습관을 가지면 운동도 되어 건강도 챙길 수 있으니 1석2조라 하겠다.

세 번째는 독서하는 습관이다. 이 세상에서 제일 좋은 일은 독서라는 말이 있다. 그만큼 독서하는 일은 좋은 일이기 때문에 책 읽는 습관을 가지기 바란다.

경찰관은 솔로몬의 지혜, 다윗의 용기, 삼손의 체력, 욥의 인내, 모세의 리더십, 착한 사마리아인의 친절, 알렉산더의 전략, 다니엘의 신념, 링컨의 외교, 나자레 목수의 관용 그리고 끝으로 자연과학, 생물학 및 사회과학 등 모든 분야에 깊은 지식을 가져야 한다.

— 경찰관의 자격

술, 술, 술,
주취공화국 대한민국

술에 잔득 취하게 되면 의지가 강한 사람도 실수가 나오기 마련이다. 그러다 서로 시비가 생겨 폭행으로 번지는 경우가 많다. 폭행 사건 신고를 받고 현장에 출동하여 형사입건 하려 하면 개중에 자신은 경찰공무원시험을 준비하는데 어떻게 선처해 주면 안 되는지 물어보는 경우가 가끔 있다.

술에 취하여 잠시 이성 잃고 주먹을 휘두르지만 그 주먹이 다시는 돌아오지 못하는 요단강을 건널 수가 있다. 술에 취해도 폭행 전과가 있으면 경찰시험에서 불리한 것은 아는지 선처를 호소한다. 현직에 있는 경찰관도 폭행현장에서 현행범으로 체포되고 있는 세상인데, 수험생이라고 봐줄리 만무하다.

술 이야기가 나와 잠시 술에 대한 이야기를 하고 넘어가야겠다. 대한민국 경찰관의 일 대부분이 술과 관련 있다고 봐도 무방하다. 그 이유는 우리나라처럼 술에 관대한 나라도 없기 때문이다.

필자의 경험담을 사례로 올리겠다. 이 사례를 읽고 만약 여러분이 경찰관이라면 어떻게 대처할지 상상하면 읽어보자.

사례 1) #편의점 앞/ 밤

편의점 앞 도로에 경찰차가 세워져 있다.

술에 취한 노숙인 풍의 남자가 비틀거리며 순찰차에 다가온다.

취객의 머리 여러 날 씻지 않았는지 눌러 붙어있고 바지에 오줌을 쌌는지 바지 지퍼에서부터 한쪽 다리까지 젖어 있다.

순찰차의 조수석 창문을 거칠게 두드리기는 50대 후반의 취객

순찰차의 조수석 창문이 천천히 내려간다.

조수석에 앉아 있는 경찰관 표정이 썩 밝아 보이지 않다.

경찰1: 무슨 일이세요?

취객: 나 저그까지 좀 태워주면 안될까?

경찰1: (인상을 찌푸리고 퉁명스럽게) 저희 순찰차지 택시 아니에요. 택시 타고 가세요.

취객: (떡 진 머리를 차 안으로 쑥 밀어 넣으며) 치, 민중의 지팡이가 뭐 이래? 시민이 힘들고 태워주라 도움을 요청하면 태워주고 그래야지.

경찰1: 어우, 술 냄새. 머리 좀 빼 봐요. 그렇게 얼굴을 들이대면 어떡해요.

취객: (악에 받친 듯) 시민 세금을 먹고 살면서 좀 태워주라고!

경찰2: 아, 알았으니까 타려면 제발 머리 좀 빼 봐요. 뒤로 타시면 되잖아요.

술 냄새 때문인지 경찰1, 2 코를 막는 모습이다.

운전석에 앉아 있던 경찰2 문을 열고 나가 조수석 창문에 머리를 박고 소리를 지르는 취객을 끄집어낸다.

경찰2: (코를 막으며) 우와 냄새! 바지에 오줌 쌌어요? 아, 이럼 곤란한데. 아, 뒤로!

뒷좌석에 타자마자 옆으로 누워 코를 골며 자는 취객의 모습.

차량의 창문을 열고 신선한 공기를 마시려 애를 쓰는 경찰 1, 2.

여러분이 경찰1, 2라면 이 취객을 순찰차에 태우고 목적지까지 모셔다 드릴지? 아니면 끝까지 안태우고 버티든지 피할지 생각해 보자. 아니면 법적으로 이 취객에게 책임을 물을 수 있을까?

현장에 있는 경찰관들이 수시로 판단해야 할 사항들이다.

사례 2)

　지구대, 파출소 새벽 시간 때 떡실신 된 손님을 수많은 택시 기사, 대리기사가 모셔온다. 아무리 깨워도 안 일어난다, 주소가 맞지 않는다, 폭행을 당했다 등 갖가지 이유로……. 이번에 찾아온 분은 택시기사다.

　손님이 아무리 깨워도 안 일어나서 주소를 알려달라는 이유로 찾아온 것이다. 경찰1, 2도 택시 승객을 흔들고 깨운다. 안 일어난다. 소지품 뒤져 휴대폰 찾는데 이런 젠장! 화면이 잠겨 있어서 풀 수가 없다. 간신히 신분증 찾아 주소 조회하여 주소를 알려주고 보낸다.

　일처리가 깔끔했다고 서로 자화자찬 하고 있는데 지구대, 파출소로 전화가 온다. 방금 전에 돌려보낸 택시 승객이다. 그 승객 집에 도착 후 정신을 차렸는데 택시기사분이 지연된 시간 등을 이유로 웃돈을 요구하자 못 주겠다고 서로 시비가 있었나 보다.

　택시기사분이 너 집 주소 잘 알고 있으니까 조심하라고 협박을 했고 화가 난 떡실신 승객 경찰관들에게 소리를 지른다.

　누구냐? 누가 우리 집 주소를 택시기사에게 알려 주었냐? 무슨 근거로 개인정보를 알려주었느냐? 내일 당장 모가지 자르겠다.

　경찰1, 2가 쩔쩔맨다. 귀가를 하셔야 하기에, 보호차원에서 이유를 둘러댄다. 택시 승객 약간 기분이 풀어진 듯 보인다.

좋다. 그럼 내가 시계를 잃어버렸는데 택시기사가 가져갔는지, 아니면 경찰관이 가져갔는지 조사해 달라.

여러분이 경찰1, 2라면 이런 경우 택시 승객을 어떻게 처리해야 할까? 직접 순찰차로 집까지 모셔다 드려야 할까? 택시기사와 요금 계산도 해결해야 하는데?

현장에 있는 경찰관들이 수시로 판단해야 할 사항들이다.

위 두 사례에서 보듯이 우리나라 사람들은 정말 술에 취하면 용감하다. 만약 여러분이 경찰관이 된다면 자주 만날 사람들이다. 처음에 이런 분들을 보면 재미있다고 생각할 수도 있다. 그리고 친근한 우리 이웃, 친척, 지인이라 생각하고 친절한 모습으로 다가갈 수 있다. 하지만 꼬박 날을 새야 하는 야간근무에 지치다보면 만취한 사람을 보면 피하고 싶은 마음뿐이다.

하지만 경찰관이라는 신분 때문에 이들과 어쩔 수 없이 부딪친다. 술 마신 사람과 이야기를 나누다 보면 술을 마시지 않았는데도 취하는 기분이 들 때가 있다.

그리고 정신이상자와 대화를 나누는 것도 썩 유쾌하지 않다. 술에 취한 사람과 정신이상자들은 돌발적인 행동을 할 수가 있기 때문에 항상 긴장해야 된다. 하지만 경찰 업무상 그런 사람들과 부딪치는 게 일상이다.

술에 취하지 않아도 자기관리가 안 되는 경우가 있다. 바로 운전 중에 흔히 나오는 난폭운전과 보복운전이다.

이 글은 필자가 2016년 7월 20일 남도일보라는 지역신문에 올린 글이다.

제목: 휴가철, 남을 배려하는 운전 습관을 기르자

휴가철을 맞이하여 전국 고속도로가 몸살을 앓고 있다. 하지만 그보다 더 큰 문제는 휴가를 맞아 피서지로 가는 도로에서 발생 되는 난폭운전과 보복운전이다. 차는 늘어나고 도로는 한정되다 보니 딱히 해결책이 없는 오늘날 대한민국의 슬픈 현실이다.

한국교통연구원이 지난해 12월 운전자 1,030명을 대상으로 조사한 결과 운전자의 40.6%가 보복운전을 당한 경험이 있다고 답했다. 그리고 보복운전을 해봤다가 12%로 나타났다. 모든 운전자가 순간적인 감정에 치우쳐 욱하는 순간 보복운전의 가해차량이 될 수 있다는 말이다.

초보운전자뿐만 아니라 운전경력이 오래된 사람도 복잡한

도시나 낯선 곳을 가게 되면 운전에 대한 부담과 심리적 불안감을 느낀다. 이로 인하여 운전 실수로 급제동 또는 급 끼어들기를 하기도 한다. 보복운전 가해자의 80%가 '미안함을 표시했다면 용서했을 것이다'라는 조사결과도 있다. 자신이 급하게 끼어들기를 하였거나 잘못했으면 정중하게 미안함의 표시를 하는 것이 가장 현명할 것이다. 그리고 평소에 차선 변경 시 방향지시등을, 위험·급박할 시에는 비상등을, 주행 전에는 상향등이 켜져 있는지 주의를 기울여야겠다.

불교에서는 재산이 없었도 남에게 베풀 수 있는 7가지 무재칠시(無財七施)를 알려주고 있다. 그중에 좌시(坐施)는 때와 장소에 맞게 자리를 양보하여 상대방에게 도움을 주는 것이다. 도로 위에서 우리는 얼마든지 남을 돕고 적선을 할 수 있다. 갈수록 늘어나는 차량들 속에서 나 하나의 운전습관이 미국의 토네이도처럼 큰 파장을 일으킬 수도 있다는 점 다 같이 명심하고 타인을 배려할 수 있는 여유 있는 운전 습관을 갖도록 노력하자.

이 글이 신문에 실리고 난 후 얼마 지나지 않아, 필자 역시 운전 중 보복운전 아니 폭력을 행사할 뻔하였다. 도로 위에서 다른 차량들이 지나가지 못하게 막고 거의 폭력사태까지 갈 뻔하였다. 다행히 거기서 그냥 언쟁만 하다 끝나 지금 안도의 한숨을 쉰다.

난폭운전·보복운전 하지 말자고 신문에 기고했던 내가 순간 화를 참지 못해 어리석은 행동을 하다니 그날 내 일기에 반성 또 반성한다고 수없이 썼다.

-안네 프랑크의 일기 중-

나는 젊고 강하며 그래서 거대한 모험을 헤쳐 나가고 있다. 모험의 한 가운데 서 있기 때문에 재미가 없다는 이유로 하루를 불평으로 날려 버릴 수가 없다. 나는 많은 축복을 받아 행복과 쾌활한 성격과 건강한 신체를 갖고 있다. 매일 나 자신이 성숙해지는 것 같다. 해방이 가까워짐을 느낀다. 자연의 아름다움을 느낀다. 그리고 주변 사람들의 선함을 느낀다. 이런 삶이 얼마나 환상적이고 재미나는 모험인지를 매일 느끼면 산다. 이 모든 것이 있는데 내가 어찌 절망할 수 있으랴.

-667일째 되는 날

항상 초심으로

    경찰청 공식 블로그 '폴인러브'에 게시한 독특한 실험영상이 있어 필자의 눈이 한동안 그곳에 멈추었다. 그것은 경찰지망생들을 상대로 '경찰이 되는데 가장 중요한 것은 무엇일까요?'라는 질문을 던지고 그들의 답변과 경찰이 되고픈 초등학생들에게 똑같은 질문을 하고 그들의 답변을 경찰지망생에게 보여주는 영상이었다.

    먼저 한 경찰지망생은 이 질문에 이렇게 대답을 한다.

    "체력시험 점수가 생각보다 많이 들어가거든요."

    체력시험이 중요하다고 말한다. 다른 지망생은 체계적이고 세부적인 일과시간표라고 말한다. 또 다른 지망생은 영어와 한국사는 평균이상의 고득점이 중요하다고 말한다. 주로 이런 답변들이 이어지고 그 다음에 이들에게 경찰이 되려고 하는 초등학생들에게 이 질문에 답변하는 모습을 보여준다. 과연 초등학생들은 무엇이라고 답하였을까?

"저는 2학년 장미반 누구입니다."

"제 꿈이 경찰이에요."

이렇게 초등학생들의 소개 영상이 나온 후 '경찰이 되는데 가장 중요한 것은 무엇일까요?' 질문을 한다.

"힘든 사람을 도와줘야 돼요."

"사람들을 위해 순찰하고 어려운 사람들을 도와줘야 돼요."

"착한 사람이어야 해요."

"짜증내면 안 되고 성실하고 용기가 있어야 해요."

'왜?' 경찰이 되고 싶은지 이 초등학생들에게 다시 질문하자. 이들은 이렇게 답변을 한다.

"억울한 사람이 없게 하고 싶어서요."

"할머니가 힘든 수레를 끌고 가는데 경찰관이 도와주는 것을 보았어요."

"어려운 사람들을 도와주는 나중에 꼭 커서 멋진 경찰관이 되고 싶어서요."

이 영상을 보고 난 후 다시 경찰지망생들의 생각을 물어보자, 이들은 오랜 수험생활에 지쳐서 원래 자기가 무엇을 해보려 했는지를 잊게 되었다고 답변을 하였다. 자신들은 어떻게 합격을 해야 하는지만 생각하고 기본적인 것은 잊고 있었다는 반응이었다. 그리고 직업적인 부분에서 선택하였는데 초등학생들은 단지 남을 돕고 싶어서 경찰이 되겠다는 말에 한 지망생은 이 초등학생들에게 많은 것을 배웠다고 하였다. 자, 여러분들의 초심은 무엇인가?

시간이 지날수록 기억에서 잊힐 초심일지라도 오래도록 간직하고 근무하기 바란다. 그런 자세가 오래 갈수록 선배들의 사랑을 받을 수 있으며, 또한 자신이 원하는 부서, 그리고 승진 등의 기회가 찾아오기 때문이다.

변하지 않을 것 같던 초심도 2~3년 근무를 하게 되면 금방 타성에 젖어 처음에 간직하였던 순순한 열정들은 금방 사라지고 만다. 경찰에 들어왔다는 목표를 이루었기 때문에 현실에 안주하는 경우가 대부분이다. 처음에는 낯선 곳에서 일을 배우느라 정신이 없다가도 어느 정도 업무에 대한 자신감이 생기게 되면 안일함이 생기기 시작한다.

필자는 친절하고 법률지식 등으로 무장한 엘리트 경찰관이 되려고 하였지만 지금은 하루하루 무사히 시간 보내다 퇴근하는 경찰로 바뀌었다.

우연히 들은 아침 라디오 방송에서 이런 멘트가 나왔다.

"요즘 너무나 좋아. 너무 행복해. 아무 일이 없어서 너무 좋아."

좋은 일이 생겨야 행복한 것이 아니라 나쁜 일이 생기지 않는 것만으로도 행복하고 좋다는 것이다. 그 말이 왜 그렇게 필자의 가슴에 깊이 새겨지는지 아무튼 내 근무도 그랬다. 별일 안 생기고 조용히 하루하루 가는 게 좋다. 가끔 쉬는 날 직장교육이나, 무도훈련, 사격훈련이라고 교육장으로 나갈 때면 경찰관으로써 당연한 교육이지만 나의 일상이 흐트러져 기분이 순간 나빠진다. 나태해져도 보통 나태해진 것이 아니다.

초심이나 목표를 잃어가고 있다는 것을 느끼는 것은 바로 자신의 몸무게가 불어가는 것으로도 알 수가 있다. 신임 때 날렵한 몸은 사라져 가고 잦은 회식과 야간 근무로 인하여 몸 관리를 하지 못해 점점 불어나는 뱃살과 체중을 보게 될 것이다.

여성뿐만 아니라 남성도 외모에 신경을 써야 한다. 뱃살은 경찰근무 경력을 나타내는 것이 아니라 자기 자신이 점점 위험해지는 경고라고 생각하기 바란다. 항상 몸 관리에 중점을 두고 쉬는 날은 한 시간 정도 운동을 할 수 있는 자신만의 시간을 만들고 근무하기 바란다. 필자는 경찰채용체력시험에서 100m를 13초대로 뛰었다. 체력이 좋은 것은 아니지만 평균은 된다고 생각하였다. 그런데 얼마 전 청소년들이 담배를 피운다는 신고를 받고 현장에 출동하여 청소년들을 상대로 계도활동을 하였다. 한 학생이 말을 잘 안 듣고 삐딱하게 나와 계도하려다 안 되겠다 싶어 부모님 연락처를 물어보자 그 학생이 도망을 가는 것이었다. 그 학생은 대충 뛰는 것이었지만 필자는 그 학생을 잡아 꼭 혼내주려고 혼신의 힘을 다해 뛰었다. 붙잡지도 못하고 개망신 당한 죽음의 레이스였다.

약 1~2분간의 추격전이었지만 필자는 그 뒤로 한두 시간 숨을 제대로 쉬지 못하고 헉헉 걸리며 동료 직원들의 웃음거리가 되었다. 당시에 이러다 숨넘어가 죽을지도 모르겠다는 생각을 하였다.

그리고 만약 중요한 범인이었다면 어떡할 뻔 했을까? 이런 생각에 한동안 퇴근하고 집근처 학교 운동장을 찾아 언제가 내 앞에 나타날 거대한 범인을 생각하며 뜀박질을 하였다.

하지만 이것마저 잠깐의 해프닝이고 평소의 습관대로 편안한 삶에 안주하였다.

경찰관들은 매년 체력시험을 보고 있으며 그 성적을 고가 점수에 그대로 반영하고 있다. 자신의 건강도 챙기고 체력시험에 점수도 올릴 수 있으니 항상 운동하는 습관을 갖기를 바란다. 필자처럼 동료들에게 비웃음 사지 않도록 조깅도 많이 하자.

경찰관에 입문하게 되면 제일 먼저 중앙경찰학교에 들어가면 34주간 교육을 받게 된다. 이 과정에서 아침마다 기상과 동시에 학교 대운동장을 2~3바퀴 구보를 하는데 처음에는 무척 힘들지만 졸업할 때면 대운동장을 한두 바퀴 더 뛰고 싶을 정도로 근력과 체력이 왕성하게 된다. 필자가 교육받던 시절 지도관으로 근무하시던 한철우 선배님께서 당시에 하신 말씀이 지금도 생각난다.

"일선에 나가게 되면 야간근무, 당직 등으로 여러분들이 운동할 시간을 만들려고 하여도 쉽지 않다. 운동을 하고 싶어도 할 수가 없다는 말이다. 중앙경찰학교에서 너희들이 평생 써먹을 근육과 체력을 만들어 나가지 않으면 안 된다. 알겠나?"

그분도 중앙경찰학교 지도관으로 들어오시기 전에 일선 경찰서 형사과에 근무하였다. 형사 시절 범인과 몸싸움을 하였는데 범인보다 먼저 지치지 않으려고 나름 운동도 많이 하였다고 한다. 그 지도관님께서는 벌칙을 줄 때마다 팔굽혀펴기를 시키셨는데, 지금 생각해 보니 벌이 아니라 보약을 주신 것 같다.

여러분이 경찰관에 합격하고 중앙경찰학교에 들어가게 된다면 선배 지도관님 말씀처럼 필자도 같은 말을 하고 싶다.

"평생 경찰관으로써 근무 할 체력을 그곳에서 만들어 나오세요."

중앙경찰학교 수업이 끝나고 여가시간에 체육관, 무도장, 운동장에서 운동하는 교육생들이 대부분이라 필자가 말하지 않아도 자연 여러분도 그렇게 움직일 거라 본다.

하지만 이렇게 만들었던 몸도 일선에 나오면 금방 망가지는데 되도록 자기관리를 잘 하여 몸만큼은 변하지 않도록 하자.

술도 적당히 마시고 일주일에 2~3회 공부는 안 하더라도 꼭 운동을 할 수 있도록 노력해야겠다. 하루 1시간 꼭 자신만의 시간을 가지는 게 중요하다.

주간근무에는 저녁에, 야간근무에는 낮 시간에 자신만을 위한 시간을 갖고 운동이나 취미 생활을 하도록 하자. 꼭 자신이 좋아하는 운동을 취미 생활로 가지고 근무하기 바란다.

그리고 각 경찰서마다 동호회가 활발하게 활동하고 있지만 필자는 이런 경찰서 동호회는 비추한다. 근무할 때도 만나는 사람들을 굳이 여가시간에 또 만날 필요가 없기 때문이다. 새로운 사람들 특히 경찰 일을 하지 않는 사람들을 만나 운동을 같이 하기를 권한다. 필자는 요즘 탁구에 흠뻑 빠져 시간 나는 대로 탁구장으로 달려가 탁구를 치고 있다. 배드민턴, 수영, 헬스, 축구, 족구, 등산 찾아보면 할 수 있는 게 너무 많다. 꼭 자신의 몸에 맞는 운동을 찾아 자기 건강을 지키며 체력을 기르기 바란다.

보통 형사가 되고 싶어 경찰관이 되겠다던 신임 경찰관들도 초심을 잃고 해당 부서 근무에 익숙해져 고생스런 형사의 길을 포기하는 것을 많이 보았다.

지구대와 파출소 근무는 의외로 개인 여가 시간을 충분히 보장해준다. 일반인들은 경찰관이 되면 모두 바쁠 거라 생각한다. 하지만 근무 여건을 알게 되면 이렇게 많이 쉬나? 하고 놀랄 것이다. 지구대는 4조 2교대로 주간, 야간, 비번, 휴무(주야비휴 주야비휴)라는 방식으로 돌아간다. 만일 개인적인 사정이 있어 휴가를 2일 낸다고 하면 6일을 연속으로 쉴 수가 있다. 주간 야간 비번 휴무 휴가 휴가 비번 휴무 주간 야간 이렇게 돌아가기 되기 때문이다.

파출소는 3조 2교대로 주주주 야비야비야비, 형태로 돌아간다. 그리고 한 달에 주간 2번, 야간 2번의 휴무를 주는데, 만일 휴무를 연속으로 사용한다면 휴가를 쓰지 않고도 6일을 연속으로 쉴 수가 있다. 파출소는 지구대 보다 시간외 수당을 조금 더 받는 장점이 있고, 지구대는 여가 시간이 파출소보다 더 있다는 장점이 있다.

필자가 지구대, 파출소의 최대 장점을 꼽는다면 충분한 여가시간과 함께 퇴근 후에 업무에 대한 부담감이 없다는 것이다.

교통사고조사계에 근무해 본 경험이 있는 필자는 퇴근 후 복잡한 사건 생각에 퇴근을 하여도 마음이 편치 않았다. 교통사고 피해자가 중환자실에 입원하게 되면 혹시 사망하지 않을까 마음을 조이기도 하였다. 교통사고로 사망자가 발생하게 되면 담당 사고 조사관이 대책보고를 작성하여야 하기 때문에 은근히 심리적 압박

감이 대단하다.

수사부서에 근무하게 되면 이런 일들이 허다하다. 수사관들은 약간 꼬인 사건을 가지고 있다면 퇴근을 하여도 마음 편히 쉬지 못한다. 형사가 되고 싶어 하던 초심이 이런 선배들의 업무 스트레스 등을 옆에서 지켜보고 또 편안한 근무에 동화되어 어느새 굳이 형사과에 갈 필요가 있나 하고 생각이 바뀔 수 있다.

그게 잘못된 생각은 아니지만 자신의 열정이 시들어져 가는 게 문제라는 것이다.

형사가 되고 싶어 경찰이 되었다면 빠른 시간에 수사부서에 들어가 근무하는 것을 권한다. 그리고 수사 일이 너무 힘들어 몸도 마음도 지칠 때에는 지구대, 파출소에 나와 잠시 쉬면서 근무 하면 된다. 언제 가는 변하겠지만 그래도 초심이 오래도록 유지되도록 노력해주기 바란다.

> 작은 것만 보게 되면 큰 것을 보지 못하게 된다. 일이 힘들다고 그 힘든 면만 보게 된다면 일에서 얻는 보람이 묻히게 되고 일에 대한 낙이 없어지게 된다.
>
> – 최초 여성 형사반장 박미옥

필자가 네이버지식인에서 경찰과 관련된 질문에 답변하고 채택된 내용들이다.

재꿈이 형사입니다.
우선 경찰이 되어야 하는데 저의 생각은
의경특채로 시험을 본후 형사가 되는것입니다.
궁금한점이 있는데 형사가 되기위해 따로 조건이
있어야 하는건가요? 예를들자면 경찰행정학과를 필수로
나와야 한다거나..하는게 있나요?
그리고 현재 대학진학 관련으로 고민중입니다.
의경특채로 시험을 볼생각입니다.
비싼 등록금주고 4년동안 학교다니고 또 시험준비하고
할바에는 차라리 2년 의경다녀온후 바로 시험준비 하난것이 더 나을것 같다는 생각이 들어서인데요..
주변의견을 들어보니 대학은 나오는게 좋다고 하는
소리가 들려서 많이 고민이 됩니다.
대학을 꼭 가야한다면 경찰행정학과를 가야하는것이
맞는것 같은데 성적도 문제가 되네요..
만일 대학교를 가지 않는다면 고등학교때부터
경찰관련 시험을 준비해도 되는건가요?

 질문자 채택
모험가(honga6330)님의 답변입니다.
채택답변수 104 | 2016.01.08. 07:36

질문자 인사 정말 감사합니다!

고졸 출신 이라고 해서 형사 못하지 않습니다.

얼마나 근무를 성실하게 하는지가 중요합니다.

먼저 경찰에 합격하신 후 지구대 등에 발령이 나게 되면 인사 잘하고 근무 성실하게 하신다면

정기 인사 발령에 질문자님이 원하는 곳으로 발령 가실 수 있겠습니다.

고등학교 때부터 준비하실 것은 생활기록부 관리 입니다.

경찰채용시험에서 면접 단계에서 고등학교 생활기록부를 보기 때문에 공부보다는 고등학교 때 무단 결석

등 하지 않는 게 좋겠습니다. 경찰시험 준비는 의경 또는 다른 군대를 제대한 후에 하여도 충분합니다.

공부를 준비할 때는 혼자 하지 마시고 공무원 학원에 등록하여 준비하는 것을 추천드립니다.

혼자 하게되면 공부 방향 잡기가 힘들기 때문입니다.

경찰청 공식 블로그 '폴인러브'에 여경의 전설 강력계장 박미옥 경감의 인터뷰 기사가 있어 잠시 소개하고 넘어가겠다.

Q. 강력계 형사를 꿈꾸는 경찰준비생들과 여경을 꿈꾸는 경찰준비생들에게 조언해주세요.

경찰을 꿈꾸고 노력해서 합격했다고 경찰이 된 것은 아니에요. 경찰관이라는 직업이 가져야 할 철학, 그것을 소화해내는 삶은 태도, 그리고 그걸 풀어내는 기술도 필요해요.

형사가 된 순간에도 체력, 사건을 바라보는 균형, 사건을 해결할 수 있는 기술을 터득하는 등 끊임없이 성장해야 합니다. 합격했다고 해서, 부서에 배치되었다고 해서 경찰이 아니고 형사가 된 것이 아니에요. 경찰이 되고자 한다면 신임 때의 모습, 5~10년 차에서의 내공, 20~30년 차에는 어떤 철학과 전문성을 가지고 싶은지를 생각해보고 그것을 위해서 끊임없이 성장통과 성숙을 경험해야 해요.

사람을 만나는 곳이고 변화된 사회 속에서 그런 모든 것들을 겪어내고 풀어내는 곳이 경찰서, 강력계이기 때문에 경찰을 꿈꾸는 수험생들이 끊임없이 성장할 각오로 도전해줬으면 좋겠습니다.

Q 강력계 형사 50
비공개 | 질문 17건 질문마감률 100% | 2016.08.21. 15:24

👍 0
답변 1 | 조회 29

현재 고등학교2학년 남학생입니다.
장래희망도없었고 아버지의 영향을 받아 장이안좋아서
어릴때 밥도 잘안먹어서 키도작습니다 운동하고
밥도잘먹어서 장은 좋아진것같습니다.
화장실도 자주가고요
키는 164정도됩니다 많이작긴한데 또래에서
힘은좀 씁니다. 물론 덩치큰친구들이 맘먹고달려들면
밀리겠지만 팔씨름 다리빨리기등 기본근력은 강한편입니다 덩치에비해
경찰행정학과를 들어가보려고 알아보는중인데요
경찰행정학과다니면 시험에대해배우고
운동을 배워서 단증을 딴다는데 맞나요?
그리고 강력계 형사지원하려면 몇년정도 지구대에 근무해야하나요?
강력계형사 지원떨어지기도합니까?
그리고 키제한있나요?
운동은 시작한지얼마안되서 효과는 별로없습니다.
꾸준히할생각이고요 답변 부탁드립니다.

작성자 비공개
채택답변수 100개 이상 | 2016.08.23. 05:51

질문자 인사 답변내용이 많은 도움 되었습니다.

예전에는 경찰 신체검사 시험에 키 제한이 있었으나, 지금은 폐지되었으며, 101단(청와대 경비업무)시험은 업무 특수성 때문에 키 170센티 이상의 자격 요건을 두고 있습니다. 질문자님은 형사 파트를 생각하고 계시니 키 걱정은 하지 않으셔도 됩니다. 경찰행정학과 다니면서 단증을 딸 수도 있고 안 딸 수도 있습니다. 하지만 경찰 가산점을 챙기기 위해 관련학과에 다니는 동안 따는 게 좋습니다.
보통 경찰에 입문하게 되면 지구대, 파출소에 근무를 하게 됩니다. 이때 1년 정도 근무하게 되면 형사과에 지원서를 보낼 자격이 생기게 됩니다. 그리고 형사과에 지원자들이 많으면 지원자들의 지원서와 면접을 통해 우수 인재를 선발하기에 떨어지기도 합니다. 형사도 키제한이 없으니 너무 키에 대해서 콤플렉스 갖지 마시기 바랍니다. 남자는 외모보다는 능력입니다.

내 눈에 예쁘면
남들 눈에도 예쁘다

매년 1, 2월이 되면 시험 승진자 발표와 함께 대대적인 경찰 내부 인사이동이 있게 된다. 각 부서마다 지원자를 모집하는 공문을 발송하고 내부게시판에 공지하게 되는데 자신이 근무하던 부서에서 1년 이상 근무 하였다면 자유롭게 본인이 원하는 타부서에 지원서를 보낼 수가 있게 된다. 다만 징계 또는 특채로 인하여 의무 복무기간이 남아 있다면 제외 된다.

여기서 형사가 꿈인 사람은 형사과에 지원서를 보낸다. 지원자가 나 혼자 아닌 여러 사람이라고 하면 인사위원회 또는 해당 부서 과장이 지원자들의 지원서를 면밀히 살펴보고 주변 세평 등을 듣고 발탁하게 된다. 지원서에는 자격증 등을 적는 칸이 있는데, 형사과와 같은 경우 무도 자격증, 컴퓨터 관련 자격증이 있으면 유리하다. 하지만 그런 자격증이 없는 맨몸이라면 자신의 성실함으로 승부하여야 한다.

중국 한(漢)나라 무제(武帝) 때 장탕(張湯)이라는 하급관리가 있었다. 그가 어렸을 때 아버지가 집을 잘 보라며 외출하고 돌아와 보니 보관 중이던 고기를 쥐가 훔쳐갔지만 아버지는 장탕 짓이라 여기고 회초리로 때렸다. 억울하게 매를 맞은 장탕은 숨어 있던 쥐를 잡아 쥐를 매질하고 영장을 만들고 신문하고 논고하는 등 재판을 열었다. 그런 장탕의 행동을 보고 아버지는 속으로 감탄했으며 장탕이 쓴 판결문을 자세히 읽어 보고 크게 놀란다. 어린아이가 쓴 판결문인데도 오랜 경험을 쌓은 판관이 작성한 것과 다를 바가 없었기 때문이다.

장탕은 아버지가 죽은 후 아버지의 직책을 물려받아 말단 관리에서 출세한다. 그는 부하들의 능력은 인정해 주면서 약점은 숨겨 주었기 때문에 부하들에게 존경을 받았다. 어떤 일에 공을 세워 무제(武帝)가 그를 칭찬하려 하자,

"그 안은 제 생각이 아니라 제 부하의 안을 그대로 채택한 것뿐이니 제 공이 아니라 제 부하의 공입니다."

무제에게 어떠한 결재를 받아야 하는데 미비한 점으로 꾸중을 들었을 때에는 유능한 부하의 이름을 거론하며,

"이 미비한 점은 그자가 의견을 제게 말한 바가 있었으나, 제가 그 의견을 듣지 않았기에 제 불찰이옵니다."

자기 때문에 부하가 잘못되었다며, 책임을 자신에게 돌렸다. 그가 재상이 되었을 때에는 그의 때 묻지 않은 겸손과 책임감에 감명을 받아 누구나 존경했다.

장탕이라는 사람이 나와 함께 근무를 한다면, 누가 그를 싫어하 겠는가? 사람들의 보는 눈은 누구나 똑같은 것이다. 장탕 같은 사 람이 있다면 그 반대인 사람도 있다. 그럼 나만 그런 것이 아니라 남들도 그 사람과 근무하기 싫어한다. 이런 세평 등은 멀리 떨어져 있는 다른 부서에서도 잘 알고 있다.

경찰서 내에 성실하다는 소문이 나면 본인이 알리지 않아도 여러 부서에서 함께 일하고 싶다고 연락이 온다. 같이 근무하자는 제의 가 들어오는 것이다. 자신의 스펙이 부족하다 싶으면 인사 잘 하고 매 근무시마다 성실하게 일하기 바란다. 자신을 보지 않을 것 같은 곳에서 누군가 지켜보는 사람이 있다.

일례로 필자가 근무했던 지구대에 직원 대기실을 아무도 없을 때 청소하던 동료가 있었다. 필자는 우연히 옷을 갈아입으러 들어갔 다. 그 모습을 보고 정말 감동을 받았고, 그 동료가 다르게 보였다. 근데 아무도 모르게 묵묵히 보이지 않는 곳에서 청소하던 직원을 다른 동료들도 모두 알고 있었다는 사실이다.

지구대에는 4개 팀, 파출소는 3개 팀이 있다. 그 동료는 어디가 나 서로 자기 팀으로 데려가려고 난리다. 그리고 본인이 어디 부서 로 지원을 하게 되면 함께 근무하던 팀장, 동료들이 그 부서의 서 무, 또는 해당 부서 과장에게 연락하여 추천해 주었다.

필자의 경험에 성실성은 경찰 조직에서 가장 중요한 것 같다. 일 할 때 거짓 없이 성실하게 일하다 보면 지금은 내가 손해를 보는 것 같은 느낌이 들 수도 있으나, 언제 가는 좋은 결과로 돌아온다는 사실을 이 글을 통하여 조언하고 싶다.

여러분들은 인사(人事)가 만사(萬事)라는 말을 들어본 적이 있을 것이다. 인사가 만사라는 뜻에는 모든 일에 있어서 사람이 가장 중요하다는 것이다.

어떤 사람을 만나는지, 어떤 사람과 같이 일을 하는지에 따라 그 결과의 성패가 좌우될 만큼 모든 일에 있어서 사람은 생명이자 핵심이다. 명언 중의 명언이다.

그리고 이 인사(人事)라는 단어에는 여러 가지 뜻이 담겨 있다.

1. 직원의 해임, 평가 등과 관련된 행정적인 일.
2. 마주 대하거나 헤어질 때 예를 표함.
3. 사람으로서 해야 할 일.

인사 잘해서 손해 보는 일은 이 세상에 존재하지 않는다. 필자는 초임시절 첫 발령지 충남 보령경찰서에 근무하면서 이곳 동료들의 얼굴을 다 기억하지 못하였다. 그래서 조사받으러 온 피의자에게도 우리 동료로 알고 인사를 깍듯이 하였다. 선배가 "저 사람 피의자야 피의자!"라고 말해주면 무안하고 인사한 게 아깝다는 생각을 하였지만 이렇게 인사를 잘 했더니 동료들의 사랑을 받을 수 있었다.

당시에 경찰서 내에 보안과라는 부서는 정말 중요한 요직이고 경찰서 내에서 수당도 좋아 서로 갈려고 하는 보직 중에 보직이었

84

다. 그만큼 들어가기가 하늘에 별 따기 만큼 힘든 자리인데 입사한 지 1년도 안 된 신임순경에게 보안과 서무가 자신의 자리에 와서 일할 생각이 없는지 물어보았다. 그 자리는 지금도 경찰업무에 대한 능력을 인정받아야 들어갈 수 있는 자리이다. 그분은 날 잘 몰랐지만 단지 내가 인사 잘한다는 거 그거만 보고 나를 적극 추천한 것이다.

신임순경이 들어가 일하기에는 힘들 것이라는 바보 같은 판단을 하고 그 자리를 포기하였지만 포기한 후 얼마나 많이 후회했는지 모른다. 바보같이 그런 자리를 마다하다니 지금도 후회스럽다.

경찰교육원에서 경찰핵심가치과정 교육 중에 만난 지도교수 한 분은 인사는 만사라는 이야기를 하면서 이렇게 말씀하셨다.

"여러분, 인사 잘하면 자다가도 떡이 생깁니까?"

이 책을 읽고 있는 여러분도 생각해 보기 바란다. 인사를 잘하면 잠을 자다가 떡이 생기는지 말이다. 솔직히 안 생기지 않는가? 내가 그런 생각하는데 뒷자리에서 강의를 듣던 분이,

"안 생깁니다."

하고 크게 대답하였다.

그러자 그 교수님이 이렇게 말하였다.

"아니오. 생깁니다."

그리고 자신의 사례를 말씀하셨는데 듣는 동안 기분이 좋아졌다. 자신은 어렸을 때부터 부모님으로부터 인사를 잘하라고 교육을 받았다고 한다. 동네 어른들이 지나가면 인사를 하였는데 1시간

후에 또 인사하신 분과 마주쳐 인사를 하지 않아 어머니께 혼났다고 한다. 그래서 아까 인사해서 인사를 하지 않았다고 말씀드리니 어머니께서 이렇게 말씀하며 혼냈다는 것이다.

"야, 이놈아. 너는 어제 인사했으니까 오늘 인사 안 할래?"

이런 영향 탓에 교수님의 아들이 5살인데 항상 인사를 잘하라고 교육하여 보는 사람마다 인사를 잘한다고 한다. 아들을 데리고 식당에 가서 밥을 먹는데 아들이 식당에서 일하는 분들에게 인사를 꼬박꼬박 하니 식당 아주머니가 다른 손님들에게 주지 않은 과일을 깎아주셨고, 또 이웃집에서는 추석이 다가오기 전날 인사를 하였더니 돈을 이만 원씩이나 용돈으로 주셨다고 한다. 인사를 잘해서 추석 용돈이 생긴 것이다. 이렇게 인사를 잘 하면 자다가도 떡이 생긴다고 그분은 말씀을 하셨다.

인사를 잘하면 손해 보는 게 하나도 없다. 여러분도 경찰관이 된다면 인사를 잘해야 된다는 생각을 꼭 가지길 바란다.

파출소 앞에 풀 한포기도 뽑고 담배꽁초도 줍고 경찰장구도 챙겨라. 만일 그게 싫어지면 자신에게 위험이 다가오고 있다고 느껴라. 그리고 인생은 기다리는 재미이다. 추석을 기다리고, 사랑을 기다리고……
- 퇴직하신 하정래 경찰 선배님 말씀

재테크의 시작은 승진

경찰관도 엄밀히 따지면 회사원이고 월급쟁이다. 월급을 받지 않는다면 아무리 자신이 하고 싶은 일을 한다 하여도 일에 대한 보람이 크지 않을 것이다. 하지만 일에 대한 충분한 보상을 받는다면 성취감과 만족감은 더욱 커질 것이다.

공무원 월급이 예전에는 박봉이라고 하였으나, 지금은 사회 어느 기업에 뒤지지 않을 만큼의 급여를 받고 있다.

필자가 신임 순경 당시에는 시간외수당이 크지 않았다. 그리고 그냥 일이 많아 퇴근 못하고 일을 해도 또, 쉬는 날 출근을 하여도 그냥 경찰 직업 특성상 어쩔 수 없는 일이라 생각하였고 거기에 따르는 수당도 없었다.

필자가 2004년 보령경찰서 유치장에 근무할 당시 격일제로 근무를 하였다. 하루 24시간 근무하고 그 다음날 하루를 쉬는 근무였다. 그런데 만일 유치인들을 데리고 관할 검찰청에 송치 가는 날이면 휴무를 보장받지 못하였다. 송치 가는 것은 비번 경찰관이 가는 것으로 내부적으로 정하였기 때문이다.

그렇게 송치 가서 재수 없으면 하루 종일 보내다 올 때가 많았다. 이렇게 고생을 하였는데 월급은 모든 수당을 포함해서 200만 원을 넘지 않았다. 지금 같이 시간외수당이 있었더라면 그 당시에 300만 원이 넘는 월급을 받지 않았을까 생각한다. 정말 시간외수당으로 인하여 급여가 상당히 현실적으로 바뀌었다.

필자가 초임 때 형사들은 관내 중요사건이 터지면 며칠씩 집에 들어가지 못하지만 정해진 월급은 똑같았다. 고생한 만큼 급여를 받지 못하였으니 다들 형사과 근무를 기피하였다.

이런 기피 부서에는 유치장, 낙도(섬 근무) 등이 있었고, 그 곳에 근무하겠다는 지원자들이 없어 기피부서 근무자에 대한 예우 차원에서 인사내신 고가점수에 반영을 해주었다. 그래도 기피부서에 지원자가 없으면 부서 인원은 채워야 하기에 억지로 발령을 내는 경우가 종종 있었고 그 일로 인하여 인사철이 되면 항상 시끄러웠다.

하지만 지금은 그렇지가 않다. 현재는 시간외수당으로 인하여 낙도(섬 근무) 지역 근무를 서로 가겠다고 난리라고 한다. 그리고 예전처럼 정기 인사발령을 치르고 난 후 여기저기 터져 나오는 불만들이 거의 없어졌다. 물론 어딘가에서는 불만이 재기 되어 이의신청하는 경우도 있겠으나, 필자의 눈에는 정말 많이 바뀌었다.

정해진 근무시간을 마쳤으나, 경찰 업무 특성상 관내에 강력사건이 터지거나 대통령 선거, 국회의원 선거, 혼잡 경비, 국빈 경호,

국제적 행사가 발생되면 경찰관들이 동원된다. 그러면 해당 업무 처리로 일을 한 시간이 늘어나게 되고 그만큼에 시간을 돈으로 받게 된다. 이게 시간외수당(초과수당)이다.

이 초과수당이 현실적으로 바뀌었을 때 일을 많이 하던 형사 부서에서 월급을 너무 많이 받아 실제로 그렇게 일을 했는지 감찰조사까지 받는 웃지 못한 사건도 있었다. 초과수당이 어느 시간까지만 인정 되어 그 시간을 초과하지 못하도록 내부적으로 규정된 부서도 있다.

이렇게 급여 상승의 효과에 막대한 영향을 끼치는 시간외수당은 각 계급에 따라 차이가 있다. 당연히 순경보다는 경장이 더 높고 경장보다는 경사가 시간외수당을 더 받는다. 지금까지 이 말을 위해 필자는 어렵게 인사와 업무적인 일들을 늘어놓았다.

우리 경찰관도 한마디로 말해 월급쟁이다 보니 급여에 민감할 수밖에 없다.

그럼 월급을 많이 받으려면 어떡해야 하나? 가장 쉬운 방법은 승진을 해야 한다. 시간외수당을 더 받기 위하여 몸을 때운다고 하면 할 말이 없지만, 그래도 우리 경찰공무원은 계급 사회이기 때문에 승진하면 할수록 좋다.

나이가 어려도 계급이 월등히 높다면 하급자는 어쩔 수 없이 머리를 숙여야 한다. 일단 한 계급이 오르면 그에 따른 물질적 보상뿐만 아니라 정신적 보상도 매우 크다. 경찰에 들어오게 되면 승진에 욕심을 가지길 조언한다. 그게 재테크이며 미래에 대한 저축이다.

경찰공무원의 가장 좋은 장점 중에 하나는 승진제도에 있다. 순경으로 들어와도 경찰 치안총수 자리까지 자신이 노력만 하면 얼마든지 가능하기 때문이다.

현재 경찰청장으로 있는 이철성 청장은 순경으로 시작하여 치안총감까지 갔으며, 퇴직하신 부산지방청장 이금형은 고졸순경출신으로 치안정감까지 자신의 노력으로 올라갔다.

승진의 종류와 방법

　가장 빨리 승진하는 것은 특진이다. 현 계급 임용일로부터 1년 후 특진이 가능하기 때문이다. 경력이 있어야 도전하는 시험과 심사 승진과 달리 특진은 중요범인을 검거 하였거나, 행정발전 유공이 있으면 그때마다 진급을 할 수 있다.

　형사들은 중요한 범인을 검거하였거나, 실적이 뛰어나면 특진을 할 수 있기 때문에 특별승진에 많은 준비와 노력을 하고 또 그만큼 승진기회도 열려 있다. 그렇다고 지구대, 파출소에서 중요범인을 검거 못하는 것은 아니다. 지구대에서 중요 살인범을 검거하여 특진된 경우가 있는데 대표적인 예가 트렁크 살인범 김일곤이다.

　김일곤은 강도 및 특수절도 등 전과 22범으로 2015년 9월 11일 충청남도 아산시의 한 대형 마트에서 35세 여성을 납치한 후 살해하고 차량 트렁크에 여성의 시신을 넣고 차량으로 서울, 울산 등지를 운행하다 증거인멸을 위해 차량을 태운 살인범이다.

김일곤은 신고를 받고 출동한 서울경찰청 성동경찰서 성수지구대 소속 김○○ 경위와 주○○ 경사에게 검거 되었는데, 이때 검거 과정이 근처에 설치된 CCTV화면에 찍혀 고스란히 보도된 적이 있다.

신고를 받고 출동한 경찰관이 김일곤을 확인하고 체포하는 장면.
김일곤은 흉기를 들고 강하게 저항하는 상황.

　　흉기를 휘두르는 살인범을 맨손을 제압하다니 정말 놀랍다. 이 유공으로 한 분은 경감으로 특진하고 또 한 분은 경위로 특진하였다. 참고로 특진은 경감계급까지만 가능하다. 이런 강력범을 잡지 않더라도 지구대에서 동네 주폭, 수배자들 등을 많이 검거하여 실적을 쌓아 특진하는 경우도 종종 있다.

　　또 다른 예로 2013년 3월에 발생한 천안 총격전 사건이 있다. 이때 피의자가 엽총으로 경찰차에 발사하고 경찰관들도 이에 대응 사격한 사건이다. 천안 도심 한복판에서 일어난 사건인데 이때 동영상을 유투브 등에서 찾아보게 되면 정말 대한민국 경찰이 대단하다고 느낄 것이다.

엽총을 난사하는 범인을 방탄조끼도 아닌 방범용 야광조끼를 입은 지구대 직원들이 범인 차량을 겹겹이 포위한다. 그리고 총을 쏘는 범인의 차량에 겁 없이 차 위에 올라가 체포하기 위해 발로 창문을 부수고 검거한다. 진짜 보는 사람들의 심장이 쫄깃해지는 장면이다.

이 같은 경우는 정말 운이 좋은 케이스라고 보면 된다. 지구대, 파출소 근무하는 경찰관보다는 살인범, 강도, 강간, 중요범인은 형사들이 주로 검거하게 되는데 그 이유는 지구대, 파출

소 직원은 근무가 끝나는 순간 업무에서 해방되고 경찰관이 아닌 일반 시민처럼 되어 버리기 때문이다.

하지만 형사들은 다르다. 자신의 관내에 중요 사건이 발생하게 되면 몇 날 며칠을 그 사건에 집중하여 범인을 검거한다. 그리고 검거할 때까지 퇴근을 못하는 경우가 허다하다. 이 경우 가족들 얼굴을 보기 힘들어 고생이 이만저만이 아니다. 그나마 다행인 것은 그런 강력사건이 자주 발생하지 않는다는 것이다.

혹시 여러분은 동네 마트에서 판매할 물품들을 매장 안에 다 넣지 못해 밖에 진열하고 일이 끝나면 비닐 천막 등으로 덮고 문을 닫는 마트를 본 적이 있는가?

이런 상가를 대상으로 매장 밖에 놓아둔 물품들을 새벽시간에 절취한 절도 사건이 발생한 적이 있었다. 하루 저녁에 두세 군데 털리다 보니 필자가 근무하던 경찰서 형사과 직원들은 초긴장 상태로 근무를 하게 되었다.

이때 필자는 지구대에 근무 하였는데 무전기에서 마트 등을 집중 순찰 돌아달라는 무전소리를 듣고 상가를 집중순찰 하였다. 하지만 퇴근 후에는 언제 그런 사건이 있었는지 기억 하지 않았다. '퇴근 후 뭐하지?'라는 생각으로 이 절도 사건을 금세 잊어 버렸다.

그리고 다시 찾아온 야간 근무에서 상황실 무전 지령으로 마트 주변을 순찰 거점 근무해 달라는 소리에 '아! 그 도둑놈 아직 안 잡혔구나'라고 생각하게 되었다. 그렇지만 근무가 끝나면 그 도둑을 잊고 퇴근하였다. 그러다 며칠 후 우연히 경찰서 정문에서 필자가 잘 아는 후배 박 형사를 만나게 되었다.

"야 그 마트 절도범 검거했냐?"

"네. 검거 했어요."

"오! 누가? 어디서?"

"남원인가, 전북 어딘가에서 검거했대요."

"뭐야. 그 도둑놈, 전국구였네. 우리 경찰서에서 검거 안 해서 실망이 크겠다."

"아휴, 말도 마요. 그놈 검거되어서 고생 안 하니까 살 것 같아요. 어디서 검거하든 크게 생각 안 하고 있어요. 집도 못 들어가고 밤마다 잠복근무 하느라 엄청 힘들었거든요."

범인을 다른 곳에서 검거하였지만 너무나 고생을 많이 했는지 잡아서 천만다행이라는 박형사의 말이다.

형사 부서에 근무하게 되면 아무래도 공부보다는 특진과 심사승진을 공략하는 게 좋을듯하다. 공부를 하려면 마음이 안정도 되어야 하고 꾸준히 자신만의 시간을 가져야 하는데 수사부서는 일의 특성상 너무 불규칙적인 일상생활을 많이 하기 때문이다. 만약 이 글을 읽고 형사가 되었다면 특진과 심사 승진에 도전하길 권한다.

자 그럼 승진에 종류와 방법을 알아보자. 승진에는 자신의 노력으로 승진하는 특별승진, 심사승진, 시험승진, 이렇게 세 종류가 있고, 계급별로 근무년수를 채우게 되면 자동으로 승진하는 근속승진이 있다.

➡ 특별승진에는 중요범인검거 유공과 행정발전 유공이라는 분

야 이렇게 두 종류가 있다. 행정발전 유공이란 꼭 범인을 검거치 않아도 우리 경찰조직과 국가발전에 이익이 되는 일을 하면 승진을 시켜주는 것이다. 그 공적들을 보면 당연히 해야 할 일들이지만 그렇다고 쉬운 일도 아니다. 그럼 행정발전 유공 공적의 예를 들어보겠다. 이 공적들은 2016년 광주청 특별승진 행정유공 지원자들의 공적들이다.

1	생활안전과	김OO 경위	·2016년 상반기 생활안전분야 성과평가 전국1위 기여 ·2016년 5대범죄 감소율(전년대비 −11.9%) 전국 3위 기여 ·시·자치단체 협업으로 사회안전망 구축 예산확보(12억) ·2015년 생활질서계 성과평가 전국 3위 기여
2	교통안전	김OO 경위	·3000TF 추진, 2016년 교통단속 광주청 개인 1위 ·2015년 교통안전치안성과, 2016년 음주단속 광주청 1위 기여 ·교차로내 불합리한 교통안전표지·신호체계 개선(204건) ·교통사고예방 언론홍보 38회(kbs광주방송 등)
3	경비교통	정OO 경장	·의경관리 종합대책 등 관리계획 수립·시행으로 2015년 의경운영 성과 100% 향상 기여(2014년 14위→2015년 7위) ·의경 사기진작·자기계발·복지향상 시책 추진으로 2016년 상반기 의경부모만족도 전국 1위 기여

위 예를 보듯이 행정발전 유공도 만만치 않은 일이다. 해당 부서들은 범인을 검거 추격하고 수사하는 부서들이 아니다. 일반인들이 보면 경찰관들이 범인을 잡지 않고 특별승진하는 것이 이상하다고 느낄 수 있지만 경찰관이 된다면 다른 시선으로 보게 될 것이다.

필자는 교통 단속하는 게 정말 싫다. 스티커를 발부하려고 하면 단속 당하는 시민들 입에서 고운 말이 안 나오기도 하지만 단속 하면 왜 그렇게 힘드신 분들만 단속에 걸리는 지 스티커 발부하고 나서도 마음이 편치 않아 단속하는 게 정말 싫다.

그래서 단속 실적을 올리라고 하면 겨우 면피할 정도만 스티커를 발부한다. 위 예에서 보면 교통안전과 김 모 경위는 교통단속 광주청 1위를 했다. 그럼 그분은 근무시간에 얼마나 많은 교통단속을 하였을까? 편안하게 남들과 똑같은 근무를 할 수도 있지만 나름 최선을 다해 근무를 한 것이다.

교통단속을 하게 되면 교통사고 예방과 기초질서가 확립되는 효과가 있다. 이게 바로 행정발전 유공인 것이다. 행정발전 유공자와 중요범인검거 유공자 따로 따로 나누어 특별승진이 되는 것은 아니다. 각 계급별로 자신의 공적과 역량을 표시하여 배분된 인원만큼 특진된다.

특별승진은 정말 우열을 가리기가 힘들다. 특별승진에 올라온 사람은 누가 승진하여도 하나도 이상하지 않을 정도로 훌륭한 공적들을 가지고 있기 때문이다.

물론 그러한 내용들이 사실인지 공적에 적힌 내용을 청문감사실에서 감찰관이 조사를 하는데 여기에 감찰관의 세평이 들어간다. 이 사람을 승진시켜도 주위 동료들에게 지탄을 받지 않겠습니다. 이런 내용의 세평이 들어가는 것이다.

그러니 특별승진에 도전하는 분은 꼭 이점을 명심해서 주위 동료들에게 사랑 받을 수 있도록 성실하게 근무하는 것도 신경을 써야겠다. 간혹 공적문제로 서로 다툼이 생기는 경우가 있다. 두 사람이 살인범을 검거한 경우 누가 주공이 될지 다투는 것이다. 한 사람은 주공, 한 사람은 조공이 되어야 하는데 양보하지 않고 서로 다투다 이 건으로 특별승진을 두 사람이 올리게 되면 서로 떨어지는 것이다.

우리 경찰조직은 조직의 화합을 우선으로 생각하다보니 당연히 말썽의 소지가 생기는 일들을 극히 싫어한다. 이 점 참고하여 동료들 간에 반목이 생기는 일이 없도록 하여야겠다.

이렇게 특별승진에는 중요범인검거 유공과 행정발전 유공으로 나누어지며 경찰 어느 부서에 근무를 하여도 특별승진에 도전할 수가 있다. 만약 특진에 도전할 기회가 생긴다면 이 두 종류의 특진유형을 잘 파악하여 실적을 쌓기 바란다. 경찰청 정기 특별승진은 공적을 2년 치를 본다. 그러니 한번 실패했다고 포기하지 말고 계속 실적을 쌓아 재도전하면 된다.

○대우공무원제도

승진제도와는 별도로 같은 계급으로 장기 근속하는 경찰관의 사기를 북돋우기 위하여 대우공무원제도를 시행하고 있다. 이는 승진인사의 적체로 승진이 늦은 경찰관에게 바로 위 계급에 상응한 대우를 해 주는 제도로서 대우공무원수당이라는 명칭으로 월봉급액의 4.1퍼센트를 받는다.

○특별승급제도

특별승급이란 특별승진까지는 미치지 못하지만, 중요범인 검거, 사회적 이목이 집중된 사건을 해결하거나 경찰행정 발전 등의 공적이 있는 경찰관에게 1호봉을 더 올려 주는 것을 말한다. 경찰관에게 1호봉을 올려 준다는 것은 정년까지 재직하면서 받는 급여까지 고려해 경제적으로 엄청난 혜택이다.

특별승급 후 이 공적으로 다시 특별승진에 도전할 수 있다. 만일 특별승급 공적으로 특진이 되었다면 특별승진일 기준으로 특별승급(1호봉)은 취소된다.

➡ 심사승진은 해당 계급에서 근무 경력이 쌓이게 되면 인사고가가 높은 대상자를 계급별로 선별한다. 심사승진 대상자는 보통 당해 계급자의 5배수를 뽑는데, 이 5배수 안에 들어가야 도전할 수가 있다.

실력이 비슷한 동료들 간에 우열을 가려 진급하는 제도이기에 남들과 똑같다면 그것은 바로 진급에서 떨어졌다고 생각하면 되겠다.

우리 경찰 계급은 피라미드형 구조로 되어있다. 그래서 위로 오를수록 상위 계급자 수가 현저히 줄어든다. 그러다 보니 승진에 도전하겠다고 생각하는 동료들이 이 경감부터 정체되어 있다. 그래서 남보다 더 높은 인사고가 점수를 받기 위해 치열하게 각축을 벌이고 있다. 높은 인사고가 필요한 만큼 매 근무마다 자신이 할 수 있는 역량을 다해 근무해야 한다. 그러니 매우 힘들다고 할 수 있다.

심사승진에 탈락하게 되면 자신의 노력만으로 한계를 느끼고 심한 좌절감을 겪는 분들을 많이 보아왔다. 그래서 필자는 오로지 자신의 노력으로만 승부를 볼 수 있는 시험승진에 더 많은 노력을 기울이라고 조언하고 싶다. 시험은 그래도 떨어지면 자신의 노력이 부족했다 여기고 더욱 심기일전하여 공부에 더 많은 노력을 기울이게 된다. 심사승진은 자신의 노력뿐만 아니라 주변 여건도 많은 작용을 하기에 노력과 운이 동시에 따라야 한다.

심사승진은 특진 보다 준비 기간이 길고 같은 계급에서 근무년수가 길수록 경력점수를 높게 받기 때문에 어느 정도 경력이 되면 도전해 볼 필요가 있다.

➥ 시험승진에 도전하기 위해서는 최저근무일수를 채워야 한다. 순경, 경장, 경사까지는 최저근무 일수가 1년이고, 경사, 경위부터

는 최저근무일수가 2년이다. 경감에서 경정으로 시험보기 위해서는 3년이 소요된다. 이 기간을 채우면 매년 1월에 있는 정기승진시험에 응시할 수가 있다.

필자는 젊다고 또 가정에 얽매여 육아에 전념한다는 등 이유 같지 않은 이유들로 인하여 공부를 게을리 하였고 이를 지금 후회하고 있다. 세월은 물과 같아서 계속 흘러간다. 젊은 시절에 학문을 게을리 하지 말고 꼭 공부하는 습관을 가지길 권한다.

나는 할 수 있다. 남들과 똑같이 하면 남들보다 앞서기 힘들다. 햇볕이 있을 때 풀을 말리자.
      - 퇴직하신 한철우 지도관님의 말씀

➡ 근속승진을 우리 경찰관들은 '자동빵'이라 부른다. 순경에서 5년 근무하면 경장으로 자동 진급된다. 그리고 경장에서 6년 근무하면 경사로, 경사에서 7년 6개월간 사고 없이 근무하면 경위로 진급한다. 경위에서 12년을 근무하면 경감으로 진급하는데 이때 모두 다 진급하는 것은 아니고 심사승진처럼 성적과 경력 등을 고려하여 약 20프로만 경감으로 진급된다. 그러니 아직까지 자동승진은 경위까지라고 생각하면 되겠다.

순경으로 들어와 경위까지 자동으로 진급하는 기간은 총 18년 6

개월이 걸린다. 여러분들은 18년 6개월까지 기다리지 말고 더 빨리 진급하기 바란다. 진급을 하면 좋은 점이 너무나 많겠지만, 하나 콕 찍어 일단 급여가 오르니 따로 재테크 할 필요가 없다. 이 급여는 퇴직 후 죽을 때까지 받는 연금과도 직결된다. 그러니 복리로 따져도 한 계급 오를 때마다 몇 억씩 돈을 번다고 생각하면 되겠다. 만약 여러분들이 경찰관이 되었다면 꼭 승진에 욕심을 갖기 바란다.

2017년 하반기부터 근속승진이 달라진다. 순경에서 경장은 4년, 경장에서 경사까지는 5년, 경사에서 경위는 6년 6개월, 경위에서 경감까지는 10년 근무에 상위 30프로가 근속 승진한다. 점점 근속승진 기간이 단축되고 있다. 필자가 처음 순경으로 들어왔을 때에는 경사까지만 근속승진 되었으며 그 기간도 너무나 길었다. 현재 경감까지 계급이 오르고 있으며, 그 기간도 줄어들고 있다.

참고로 2016년 12월 16일자로 국회의원 이명수 등 10명이 경찰공무원 근속승진 단축 법안을 발의 하였다.

●주요 내용
일반직공무원의 경우 9단계 계급 구조로 이루어져 있으나 경찰은 10단계 계급 구조로 되어 있어 법정 근속승진 기간이 일반직공무원에 비해 7년 가량 길다고 보고 이를 단축해야 된다는 내용이다.

이러한 이유로 경찰의 업무강도가 높은 실정임에도 불구하고 승진, 연금 등에 있어서 불리하여 경찰관들의 사기가 저하되어 있어 사기를 진작시키는 한편, 공무원 직종 전세에 균형 있는 근속 승진 체계 마련하고자 한다.

●주요 요지

순경 → 경장: 현행 5년 → 4년

경장 → 경사: 현행 6년 → 5년

경사 → 경위: 현행 7년 6개월 → 6년 6개월

경위 → 경감: 현행 12년 → 10년

기존: 총 30년 6개월, 발의 안: 총 25년 6개월(5년 단축)

일단 승진을 위해서는 자신의 주특기를 살려야 한다. 공부가 적성에 맞는다면 여가시간에 도서관으로 직행하여 공부에 많은 공을 들여야 한다. 하지만 놀 때 놀아야 한다고 생각한다면 근무 중에 최선을 다하고 특진이나, 심사승진에 도전하자.

그리고 전문경찰관이 될 것이냐, 승진으로 나갈 것인가 방향선택을 잘 해야 하며 승진 쪽으로 선택하였다면 가급적 사복부서 근무를 삼가도록 하자. 근무복을 입으면 항상 어깨에 계급장을 부착한다. 계급장을 보고 있으면 항상 승진의 열망이 식어들지 않기 때문이다.

경찰교육원에 경찰핵심가치과정이라는 교육을 받으러 2016년 9월 초에 입교하였는데 그곳에서 만난 교수님은 술자리에서 이런 말씀을 하셨다.

"진급에 크게 욕심은 없으나, 그래도 진급을 하여 높은 자리에 오르게 되면 경찰서에서 매달 실시하는 직장교육을 동료들이 쉴 수 있는 자리로 바꾸고 싶어요. 경찰서장이라고 앉아 있지 않고 노래도 부르고 춤도 추는 그런 자리로 말이죠."

이 말을 듣는 순간 필자는 많은 감동을 받았다. 보통 승진을 하는 이유는 본인의 이익과 자기만족을 위해서 하는 게 대부분이지 동료들을 위해 진급을 하겠다는 말은 잘 하지 않기 때문이다. 참 대단하지 않은가?

우리 조직 문화는 계급사회이다 보니 약간 폐쇄적이고 권위적이다. 조금만 높은 자리에 오르면 동료들을 무시하는 갑질을 하는 경우가 많다. 모 청장이 퇴임을 앞둔 경찰서장에게 욕설을 하여 뉴스에 보도 되었는데 이 청장은 수시로 부하 직원들에게 욕설을 하고 모욕적인 언사를 수시로 하였다고 한다.

그리고 어디 경찰서 과장은 부하직원을 자신의 하인처럼 심부름 등을 시키다 감찰에 적발되었다고 한다. 본인의 자가용 세차와 자동차 검사, 심지어 담배 심부름에 빨래까지 부하직원들에게 강요했다. 특히 매일 직원들이 돌아가며 출퇴근 운전을 시켰다고 한다. 점점 나아지고 있는 우리 경찰 조직 문화를 역행하는 분들이다. 이제 이런 분들이 조금씩 사라지고 있으나 그래도 우리 경찰 조직은 계급 사회인지라 위에서 시키면 당연히 해야 한다. 아무리 그것이 내 논리와 맞지 않다고 하여도 따라야 한다. 그래서 이렇게 동료들을 위해 조금 더 높은 자리에 오르고 싶다고 말한 교수님의 인간적인 매력에 내가 감탄을 하고 이렇게 글까지 쓰게 된 것이다.

우리는 동료들이 진급하면 많이 변했다는 말을 많이 한다.

"저 자식 경감 달더니 많이 변했네! 예전에는 저러지 않았는데."

여러분은 이런 말을 듣지 않도록 항상 겸손한 마음을 가졌으면 좋겠다. 그리고 동료들을 위해 진급하겠다는 마음도 가져주기 바란다.

2018년 1월 1일자 기준으로 경감 근속승진 선발 기준이 변경되었다.

경감 근속승진은 매년 1월 1일자 기준 경위 10년 이상 재직자를 대상으로 근속승진 대상자명부를 작성, 상위 30%(소수점 이하 올림)를 선발하여 연회 경감으로 임용하고 있다. 즉 경위 계급으로 10년 근무하였다고 무조건 경감으로 진급하는 것이 아니라는 말이다.

경감 근속승진 대상자명부는 근무성적평정점(50%) 및 경력평정점(50%)을 합산하여 작성하며, 경력평정점의 경우 경위 경력 기간(10항)과 경사 이하 경력 기간(3항)을 함께 반영하고 있다.

생각을 크게 갖자

장자의 소요유(逍遙遊) 편 첫머리를 보면 이렇게 시작한다.

물이 깊지 않으면 큰 배를 띄우지 못하고, 물을 마당의 작은 웅덩이에 부으면 하나의 지푸라기는 뜨지만 술잔을 띄우지 못한다. 물은 얕고 잔은 크기 때문이다.

북쪽 바다에 곤(鯤)이라는 물고기가 있는데 그 크기가 몇 천리나 되는지 알지 못하며, 그것이 변해서 붕(鵬)이라는 새가 된다. 이 새가 한 번 날아오를 때면 그 날개는 마치 하늘에 드리운 구름과 같으며 물결을 치는 것이 3천 리다. 회오리바람을 타고 9만 리나 올라가며 한 번 날기 시작하면 6개월은 쉬지 않는다.

이를 본 매미와 작은 비둘기가,

"우리는 온 힘을 다해도 느릅나무나 박달나무가 있는 곳까지 겨우 날아가거나 때로는 이르지 못하고 땅바닥에 떨어지고 마는데, 어째서 9만 리나 올라가려 하는가?"

참새 또한 비웃으며 말했다.

"나도 기껏 날아 올라가도 몇 길을 채 못 가서 내려와 쑥대밭 사이를 날아다닌다. 이것으로 충분하지 않은가? 저런 힘든 일을 하다니 정말 알 수가 없구나."

이렇듯 작은 것과 큰 것은 다르다. 작은 지혜는 큰 지혜에 미치지 못하고, 아침에 돋아나서 저녁에 지는 버섯은 그믐과 초승을 알지 못하고, 쓰르라미는 봄과 겨울을 알지 못한다.

너무 편안하게 시간만 때우다 월급만 챙겨 가는 자리가 있다면 믿을 수 있겠는가? 그것도 경찰관이라는 직업 내에서 말이다. 시간만 때운다는 표현이 조금 그렇지만 그만큼 편안하다는 뜻이다. 경찰 내부에 그런 자리는 의외로 많이 있다. 그런 자리는 늘 지원자들이 많이 몰리기 때문에 경찰관 입문만큼이나 힘들다. 하지만 필자는 그런 자리를 소개하려고 이 글을 적은 것이 아니다. 젊은 나이에 또 늦은 나이에 수많은 실패를 겪고 경찰 들어와 그런 자리부터 찾지 말고 나름 도전적이고 개인의 인생을 한편의 영화처럼 만들 수 있는 곳에 들어가기 바란다.

필자가 소개하고 싶은 자리는 가만히 앉아 편안하게 월급을 받는 자리가 아닌 나름 전문적이고 개인에게는 일에 대한 보람과 긍지를 심어 줄 수 있는 곳이다. 그리고 국가와 우리 경찰 조직을 빛내는 자리이기도 하다.

해외에 우리 대한민국경찰관이 파견되는 사실을 알고 있는가?

솔직히 해외에 나가 근무를 하게 되면 위험할 것이라는 생각을 하게 되는데 우리나라는 절대 위험한 곳에 우리 국민을 보내지 않는다. 대한민국 경찰도 마찬가지로 어느 정도 치안이 안정된 곳에 경찰관을 파견한다.

일 년에 한두 번 해외 파견 경찰관을 모집하는 경찰청 공고가 있다. 만일 영어 실력이 된다면 과감히 이런 곳에 도전할 것을 권한다. 세계 공용어인 영어 점수가 TOEIC 790점, TEPS 700점, 토플 567점(CBT 227점, IBT 86점 등), 외대·서울대 어학검정 70점 이상 등이면 지원할 수가 있다.

필자가 2013년 4월 초 경찰교육원에서 교통사고조사관 양성교육을 통해 만난 선배가 있다. 그 선배는 당시 안양만안서에서 근무하셨는데 해외 파견 근무를 2번 이상 한 경찰관이었다. 교육 중에 해외 파견에 대하여 질문을 하였고, 가장 현실적인 질문인 월급에 대하여 물어보았다. 상상 이상의 급여를 받았고 또 현지에서는 가정부 2명 이상을 두고 대저택에서 생활하였다고 한다. 그는 동티모르에서 유엔 주재 하에 현지 치안 활동을 하였다. 1년 근무가 원칙이며, 1년 연장이 가능하다. 해외여행도 하고 억대 연봉에 귀국 후 경찰 내에서 스펙도 쌓고 정말 멋진 경찰관이었다. 내가 보기에 그가 바로 영화 속의 주인공이었다. 만약 그가 자신의 경험담을 글로 쓴다면 좋은 책이 나올 것이며, 시나리오로 제작하여도 좋은 영화가 탄생할 것이다.

가끔 그 선배의 개인 SNS 프로필 사진을 보면 항상 외국 경찰관들과 다정하게 찍은 사진들을 보게 된다. 그런 사진들을 볼 때마다 스케일이 다르게 느껴진다. 영어 실력이 안 되어도 무도 실력이 월등히 높다라면 해외 파견 근무를 생각 할 수도 있다.

우리나라는 전 세계가 부러워하는 치안 강국이다. 필자가 지구대 등에서 야간 근무를 하게 되면 한 번 이상 출동 나가는 112 신고가 있다. 다름 아닌 술에 취한 사람이 길에서 자고 있다는 신고다. 외국에서는 이런 일을 상상하기 힘들다. 우리나라에서는 양복 입은 신사, 대학생, 유부녀, 아가씨 등 남녀노소를 불문하고 술에 마음대로 취할 수 있다. 그리고 취하면 노상에서 편안하게 잠도 잔다. 그만큼 대한민국의 치안이 우수하고 안전하다는 뜻이다.

그런 점을 높게 샀는지 외국에서는 우리나라의 치안 기술을 배우고 싶어 우리나라 경찰관을 파견해 줄 것을 요구하는 나라가 많이 있다. 우리 경찰의 체포술 등을 배우고 싶다며 파견을 요구하였고, 이에 굳이 영어 실력이 안 되어도 뛰어난 무도 실력 등을 갖추어 파견 되는 경우가 있다. 또 각 국에 우리나라 경찰 영사관들이 있어, 우리 교민과 여행자들을 보호하고 있다.

2016년 상반기에는 오만에서 사이버범죄수사 및 디지털포렌식 분야의 전문 경찰관 2명을 파견해 줄 것을 요청하였다. 영어 또는 무도 실력이 안 되지만 해당 분야의 전문관으로 오만에 파견되는 것이다. 그 2명의 경찰관에게 오만 경찰청에서 숙박(4성급 호텔)에 교통·항공 등 일체 지원하고, 1일 교육수당으로 250달러를 지급하겠다고 하였다. 급여는 따로 받고 일체 수당과 교육수당도 받으니 이곳 역시 급여가 상상 이상이라 할 수 있겠다.

꼭 해외 파견근무가 아니라 하여도 국내에서도 다양한 곳에서 경찰관들의 파견을 요구한다. 국민안전처 파견 경찰관, 금융정보분석원 파견 경찰관, 한국인터넷진흥원 파견 경찰관, 사행산업통합감독위원회 파견 경찰관, 광주정부통합전산센터 파견 경찰관, 이상은 2016년도 상반기에 모집한 국내 파견 경찰관 모집 현황이다. 국내 각 부처에서도 이렇게 우리 경찰관들의 파견을 많이 요구한다.

경찰청에서는 파견 요청이 들어오면 지원할 수 있는 기간을 약 1주일 정도 여유를 준다. 지원서를 엄밀하게 심사하여 부적격자를 가려낸다. 각 공모 현황을 눈여겨 보았다 원하는 곳에 지원하여 근무하기 바란다. 경찰조직도 크지만 더 큰 생각을 갖고 다양한 곳에서 근무를 해보는 것도 좋을 것 같다.

그리고 국비 유학생을 매년 1~2명 뽑는다. 해당 나라 대학에서 공부를 하고 석사 등의 학위를 딸 수 있는 기회를 주는 것이다. 미국, 영국으로 유학을 가게 된다면 영어 시험을 치르고, 중국으로 가게 되면 중국어 시험을 치른다. 이때 월급은 시간외수당 등 일부만을 제외하고 기본급 및 각종 수당이 모두 나온다. 그리고 체류비가 별도로 나오니 공부도 하면서 돈도 벌 수가 있다. 혹시 관심이 있으면 국비 유학에도 도전하기 바란다.

국비유학은 행정안전부에서 실시하는데 우리 경찰청에서는 경찰관들의 학위 취득을 적극 장려하고 지원하고 있다.

이 글을 처음 쓰기 시작한 날이 2016년 8월 초였다. 그런데 한참 책을 만들기 위하여 여기 저기 자료도 모으던 중에 드디어 경찰청에서 2016년 10월 13일에 해외 파견 공모가 발표되었다.

유엔사무국에서 2016년 평화유지활동국(DPKO) 및 현장지원국(DFS) 공석 경찰직위 공모를 하는 것이었다. 공석이 21개로 많았고 유엔은 결의안 제1325호(여성과 평화안보)에 따라 여성 경찰관 지원자를 우대한다고 공지하였다.

DPKO(Department of Peace Keeping Operation): 평화유지활동 기획·조정

DFS(Department of Field Support): 평화유지활동 현장 지원 담당

- 접수방법: 경찰청 외사기획과 담당자 메일 접수
- 지원서: 인사요약카드, 어학증명서, 외국학위 증명서 등
- 유엔 공용어: 영어, 불어, 러시아어, 스페인어, 아랍어, 중국어
- 근무지: 이탈리아 브린디시
- 지원자 계급: 치안감·경무관 1명, 총경 3명, 경정 13명, 경감·경위 4명

공문은 A4용지로 10매 불량으로 지원서 양식과 선발 절차와 맡

은 직무 등을 자세하게 설명하였으나, 필자는 이 정도만 간략하게
적겠다.

승진과 직결되는 상훈

　이 책을 보고 경찰관에 입직하게 된다면 항상 시험, 심사, 특진 등 승진에 도전을 하기 바란다. 이것은 물론 내 개인적인 생각이다. 경찰관이 되어 내 꿈을 이루었으니 이제 더 바랄 것이 없다고 생각하는 분도 있을 것이다. 하지만 본인의 노력으로 할 수 있는 승진이라면 무조건 해야 한다.

　시험 승진, 심사 승진, 특별 승진이 본인의 노력으로 이룰 수 있는 승진이고 경찰만큼 승진의 기회를 많이 주는 직업도 드물 것이다. 솔직히 세 가지 모두 어렵다. 뛰어난 능력과 훌륭한 재능을 가진 사람들이 경찰조직에 수없이 많다. 그런 인재들과 겨루는 것이니 쉬운 게 하나 없는 것은 당연하다. 하지만 포기하지 않으면 얼마든지 기회가 찾아오고 노력만 한다면 못할 것도 없다.

　시험 승진을 하기 위해서는 세과목 경찰실무, 형법, 형사소송법을 열심히 공부해야 하겠지만, 우선 근무 평점을 잘 받아야 한다.

시험 점수도 중요하지만 시험을 준비하는 경찰관들의 실력이 거의 비슷하여, 2015년에는 시험문제 하나 틀리고도 시험 승진에서 탈락하는 경우가 있었다. 물론 2015년에는 시험 문제가 무척 쉬웠다고 한다. 시험 문제가 쉬우면 모두 쉽게 풀고, 어려우면 남들도 어려울 테니 그것은 중요하지 않다. 중요한 것은 근무평점을 높이는 것이 시험 승진에 대단히 유리하다는 것이다.

그럼 근무평점을 높이는 방법은 무엇이 있을까? 가장 중요한 것은 상점을 채우는 것이다. 2015년까지는 상점이 7.5점이 만점이었으나, 2016년부터는 계급별로 상향점이 달라졌고 만점 점수도 상향되었다. 순경, 경장은 10점이 만점이고, 경사, 경위는 11점이 만점으로 바뀌었으며, 2015년까지는 장려장은 이 상훈 점수에 포함되지 않았으나, 2016년부터 경찰서장 장려장은 0.5점, 지방청장 장려장은 1점, 경찰청장 장려장은 1.5점으로 바뀌었다. 그리고 경찰서장 표창은 1.5점에서 2점으로 오르게 되었다.

그럼 이 중요한 상훈을 채우는 방법을 나름 정리해보겠다. 현직에 있는 경찰관 동료들이 이 글을 보면 웃을지 모르겠지만 부끄러움을 무릅쓰고 적어 보겠다.

첫 번째, 우리 경찰관들 매월 첩보를 수집하고 제출하게 되어 있다. 첩보를 잘 써서 내면 상을 주기 때문에 첩보제출에 관심을 가지고 항상 신문, 인터넷 뉴스 등을 잘 이용하기 바란다. 신문기사를 단순히 베껴 제출한다면 점수가 되지 않지만, 나름 그 기사를 이용하여 창의적으로 다양한 문제를 제기하고 해결책을 제시한다면 높은 점수를 받을 수 있고, 부가적으로 표창도 따라올 것이다. 꼭 첩보에 관심을 가져 보기 바란다.

첩보를 쓸 때의 양식이다. 먼저 제목, 그 다음부터 내용을 쓰는데 현황, 문제점, 대책이다. 우리 동네 아파트 주민들이 관리비 문제로 다툼이 있다고 과정을 하자. 그럼 이것은 매우 좋은 첩보거리가 된다. 보고만 하면 보고서로 끝나기 때문에 항상 마지막에 대책이 들어가야 좋은 첩보가 된다.

제목: ○○동 ○○아파트 주민 동향 보고

현황: 아파트 관리비 문제로 150세대 300명의 주민들이 관리사무소와 아파트 입주자 대표들과 마찰을 빚고 있음.

문제점: 이들의 충돌로 폭력이 발생 우려 되며, 언론 취재 예상됨.

대책: 정보과 및 관할 지구대 주기적 순찰 요망되며 해당 구청 담당자 협조가 필요됨.

지금 이것은 간단히 요약해서 압축해서 내용을 적은 것이다. 이 내용들에 살을 붙이고 목격자 또는 인물들을 소개하면 더욱 빛나는 첩보가 될 것이다.

제목: ○○동 ○○아파트 주민 동향 보고

현황: 아파트 관리비 문제로 150세대 300명의 주민들이 관리사무소장 김○○(54세)와 아파트 입주자 대표 송○○(여, 60세)와 마찰을 빚고 있으며 관리비 영수증과 관리비 운영비가 전혀 공개하지 않아 주민들의 불만이 쌓여 가고 있음.

문제점: 101동 주민 이○○(남, 54세, 010-4000-1234)는 지역 신문사에 이런 사실을 언론 투고하여 취재 예상 되며 이 주민의 주도로 연일 10여 명 이상 참여 하는 소규모 집회가 열리고 있어 아파트 동 대표 측과 충돌이 예상됨.

대책: 아파트 관리비 등을 관리 감독해야 하는 동대표와 관리사무소 직원들이 관리비 정보를 비공개하여 추후 이 문제로 소송으로 불거질 가능성이 크며, 이들 두 집단의 마찰로 폭행 사태가 발생될 것으로 예상되는 바, 정보과 관련 담당자의 모니터링 및 추가 첩보가 필요하고 관할 지구대의 주기적 순찰

이 요망되며 해당 관할 구청 담당과와 긴밀한 공조로 대책 마련이 시급하다고 보임.

두 번째, 수배자 검거를 많이 하게 되면 경찰 내부에서도 상을 주지만 해당 검찰청에서도 표창을 받을 수가 있다. 근무 시간에 부지런히 휴대폰 조회기를 이용하여 지나가는 차량들을 조회하기 바란다. 그리고 신고 출동 나가게 되면 사건 관련자들의 주민번호를 놓치지 말고 적어 꼭 신원 조회하는 습관을 기르자.

가끔 112신고사건 등으로 출동하여 관련자들을 상대로 신원 조회 하다 보면 그들 중 수배자가 있는 경우가 있기 때문이다. 수배자를 많이 검거하면 상도 받을 수 있고, 추후 특진에 도전 할 때 검거실적에도 포함되기 때문에 매우 유리하다.

필자와 같이 근무하고 있는 선배 분은 기소중지자 검거우수 등으로 특별승진도 하였지만, 수배자 검거우수로 또다시 특별승급 거기다 모범공무원으로도 선발되어 해외 연수까지 다녀오신 분이 있다.

그 선배와 함께 순찰차를 타면서 그분만의 수배자 검거 노하우를 들었는데, 필자는 도저히 그렇게 할 엄두가 나지 않았다. 그 선배의 노하우 중 일부를 소개하겠다.

그 선배가 특진할 당시 지구대에서 근무하였는데 야간근무 중 새벽 3시부터 6시까지 112신고사건이 없는 시간대를 이용하였다.

그 선배는 그 시간대에 PC방으로 검문을 다녔다고 한다. 그 시간에 가게 되면 좋은 점은 가게 사장도 없고 아르바이트생만 있어서 경찰관이 들어와도 신경을 안 쓴다는 것이고, 또 PC방 안에 손님도 거의 없어 경찰관이 검문검색을 한 명 한 명 정밀하게 검문하여 편안히 할 수 있다는 것이다. 그렇게 과거에 검문검색으로 일주일 2~3명 이상 수배자를 검거하였다고 한다. 당연히 표창은 수없이 받았고, 또 그런 업적으로 특진, 특별승급, 모범공무원으로 선발되었다고 한다. 그 선배님 왈 이제 더 이상 욕심 없다. 말은 그렇게 하면서 휴대폰 조회기로 지나가는 차량을 보면 습관적으로 끊임없이 조회 한다. 진짜 욕심이 없는 게 맞는지 의구심이 든다.

세 번째, 지구대, 파출소 등에 근무하다 보면 자살기도자, 급박한 가정폭력 신고, 치매노인 발생 신고가 들어온다. 이때 정말 조금 더 신경 써서 일을 처리하게 되면 보답으로 표창장이 찾아온다. 당연히 해야 할 일이지만 이런 보상을 받는다면 일에 대한 보람도 느낄 것이다. 이러한 예를 적어보겠다.

광주남부서 효덕지구대 경위 김○ 외 5명은 2016년 9월 7일 16:38경 광주대학교 정문에서 칼을 들고 걸어 다니는 남자가 있다는 신고 접수,

용의자 인상착의 확보 후 피습에 대비해 방검 장갑 및 삼단봉 착용하고 수색 중 광주대 기숙사 방향으로 걸어가고 있는

용의자 발견,

현장에서 소지하고 있는 칼 회수하고 안정을 취하게 한 후 학업과 진로문제로 자살을 시도하려고 했던 것을 알게 되어, 남구정신건강증진센터 전문상담요원에게 인계하여 상담 조치.

유공자: 광주남부서 효덕지구대 경위 김○(경찰청장 표창)

광주북부서 역전지구대 순경 이○○는 2016년 9월 3일 10:51경 관내 북동성당 부근에서 길 잃은 노인을 만나 50년 전 가정형편으로 미국 이민 후 추석을 맞아 가족생각에 한국에 방문하였으나 찾지 못하겠다며 도움 요청받고,

노인은 유동에 거주했다는 사실과 고종사촌인 '장현수'라는 이름만 기억난다고 하여 특정조회로 '장현수 리스트'를 작성 후 모두 확인하였으나 불일치,

'장행수, 장형수, 장혜수' 등 다양하게 이름 검색 중 조회 대상자들이 북구 망월동으로 많이 나오는 것을 착안, 조사결과 북구 망월동이 장씨 가문 집성촌이라는 사실을 확인하여 가문의 계보를 잘 아는 인물을 만나는 등 탐문 실시,

끈질긴 탐문 끝에 장현수에서 장형수로 개명 후 광양에 거주 중인 고종사촌을 찾아내어 귀국 하루 전날인 9월 7일 극적으

로 가족을 상봉시켜 돌아가신 어머니의 묘지를 찾아 인사할 수 있도록 도와주는 등 친절하고 따뜻한 경찰상 확립.

유공자: 광주북부서 역전지구대 순경 이○○(지방청장 표창)

네 번째, 지구대뿐만 아니라 각 부서에는 경찰의 날과 연말이 되면 표창이 골고루 배분되어 상이 팀별로 돌아오기도 한다. 이때 그동안 얼마나 성실하게 근무했는지가 판가름 난다. 본인이 시험 준비 중이라고 말하고 선배들에게 상이 필요하다고 말할 수 있다면 그동안 나름 성공적으로 근무를 하였다 볼 수 있기 때문이다. 자신 있게 상을 달라고 말할 수 있도록 근무 중에 선배들에게 귀염과 사랑을 받도록 성실히 근무하여 보자.

다섯 번째, 이것은 그냥 운이다. 운 좋게 중요범인을 검거하는 것이다. 필자의 149기 경찰 동기 중 가장 빨리 진급을 한 케이스를 소개하겠다. 중앙경찰학교를 졸업하여 일선에 임용되면 만 1년간을 시보기간이라 부르며 이 기간이 지나야 진짜 경찰관이 된다. 그런데 시보기간이 막 끝나자마자 선배 한 분, 내 동기 2명이 함께 순찰근무 중 도둑이 들었다는 신고를 받고 현장에 출동하였다.

그리고 가정집을 털고 나오는 범인과 마주치고 격렬한 몸싸움 끝에 검거하였다. 이 과정에서 선배 경찰관이 큰 부상을 당하였다. 내 동기 한 명은 20대 후반, 또 한 명은 30살의 나이이고, 또 이제

막 중앙경찰학교를 나와 체력과 근력이 우수하였는데도 이 범인을 검거할 때 무척 애를 먹었다고 들었다. 당시 필자는 보령경찰서 유치장에 근무하고 있었는데 이 범인이 검거되어 경찰서 유치장에 들어온 후 계속 몸을 숙이고 있어 체구가 작은 남자라는 생각만 하였다. 그런데 부인이 면회를 와 접견실로 안내를 하면서 이동할 때 그의 가슴을 보게 되었다. 가슴 근육이 터질 듯 부풀어 올라와 있어, 체격이 작은데도 위압감이 대단하였다.

경찰관이 그런 생각이 들 정도이니 피해자들은 어떠했을까? 보통 이런 범죄자들을 만난 피해자들은 범인이 검거되어도 엄청난 트라우마에 시달린다고 한다. 당시 담당 형사의 말을 듣고 깜짝 놀랐다. 경찰청에서는 중요범인이 검거 되지 않으면 매 분기마다 중요범인 수배자 명단을 만들어 각 일선 경찰서 뿐 아니라 관공서, 터미널 등 사람들이 모이는 장소에 배포하여 공개수사로 전환한다.

그 범인은 경찰청에서 매 분기마다 올리는 중요범인 수배자 명단에 올라와 있는 자로, 이곳에 오기 전에 수원에서 가구점을 털고 가구점 여사장을 납치 감금시키고 신용카드 등의 비밀번호를 알아 수천만 원을 강취한 어마어마한 강도였던 것이다.

담당 형사는 그 범인이 중요범인 수배자 명단의 사진과 흡사한 것을 파악하고 신원조회를 통해, 중요범인 수배자라는 것을 밝혀냈다. 그 유공으로 내 동기들은 당시 경장 특진과 경찰청장표창을 받았다. 그리고 다시 연말에 경찰청장표창 받은 동기도 이 유공으로 경장으로 특진을 하였다. 범인 한 명으로 두 사람이 특진한 것이다. 담당 형사는 그 범인이 절대 지구대, 파출소 동료들에게 잡힐 사람이 아니라 했다. 왜 그러냐고 물어보자. 담당이던 이 모 형사는 이렇게 말을 하였다.

"그 범인은 거의 신창원과 비슷한 신체능력을 갖고 있다. 그는 청송교도소에서 복역 중일 때 하루 턱걸이를 500개씩 하였고 달리기 등 순발력이 매우 우수하여 잡으려고 추격하여도 어지간한 체력으로는 그를 따라가기도 힘들다. 하지만 당시 운 좋게 그 범인이 도둑질하기 위해 담을 뛰어넘다 발목을 접질리는 바람에 도망을 못가고 경찰관들과 격투를 벌이게 된 것이다. 이 과정에서 한 분 선배님은 큰 부상을 당하였지만 검거되었으니 정말 운이 좋다고 말할 수 있다. 그리고 내가 아쉬운 것은 이 범인의 여죄가 무수히 많을 것 같았으나, 밝힌 것은 몇 안 되어 그 점이 아쉽다."

필자의 동기들은 이 범인을 검거 할 당시 고생은 하였지만 특진이라는 보상을 받았다. 하지만 이 범인을 수사한 담당 형사는 고생만 하고 그에 대한 보상은 전혀 받지 못하였다. 아쉽지만 그게 관운인 거 같다. 관운이 있어야 이런 중요범인도 내 앞에 나타나고 표창도 받는다고 생각한다. 이러한 관운은 열정적으로 근무하다 보면 누구에게나 찾아온다. 그리고 그런 기회가 오면 최선을 다하면 된다.

이제부터 필자의 이야기를 하겠다. 필자의 초임지는 보령경찰서이다. 이곳에서 2002년 12월부터 2006년 5월까지 근무를 하였다. 보령경찰서가 있는 보령시는 대천해수욕장이라는 서해안에서 가장 큰 해수욕장을 가지고 있는 곳이다. 대천해수욕장으로 인하여 보령시는 관광특구로 지정되어 있지만 경찰서는 2급서로 근무하는 경찰관의 인원은 무척 적다. 2급서라 어지간한 사건의 인지보고는 지구대, 파출소에서 다하였고, 심지어 변사사건의 검사지휘도 지구대에서 올리는 경우도 있었다.

비번 날 피의자를 불러 피의자신문조서를 작성하는 경우도 허다하기에 이곳 지구대에 근무하는 동료들은 정말 일당백의 정예요원들이라고 할 수 있었다. 이곳에서 다양한 신고가 끊이지 않았는데 그중에서 필자가 가장 골치 아파하는 사건은 도박 신고였다. 도박사건을 하게 되면 피의자들이 한두 명이 아니고 도금도 전부 압수하여 일일이 금액을 확인하여야 하기에 시간과 노력이 다른 사건보다 배로 들어간다.

이러한 이유로 도박사건은 언제부터가 필자가 제일 싫어하는 신고가 되었다. 그러던 어느 날 혼자 사무실에서 상황근무를 하고 있을 때였다. 앞에서 언급하였던 중요 제보전화를 이때 받는다. 사무실 전화로 도박 관련 신고를 하겠다는 제보자가 있었던 것이다. 나는 '골치 아프게 생겼네!'라는 생각부터 하였다.

제보자는 자신의 부인이 보령 대천동 소재 어느 모텔 방에서 억대의 도박을 하고 있다는 말을 하였다. 억대라는 말에 진짜 웃을지 모르겠지만 그 돈을 압수하여 일일이 금액을 확인할 것을 생각하니 정말 눈앞이 캄캄하였다. 그 당시 보령에서 제일 바쁜 대천지구대에는 1팀당 8~9명이 근무하였는데, 순찰차는 5대가 있었다.

그러다 보니 혼자 순찰차를 타고 신고출동 나가는 경우도 많았는데, 필자가 전화 받을 때에는 신고가 너무 많아 정신이 하나 없을 때였다. 상황근무자인 내가 순찰차를 타고 나가야 할 판인데, 이런 대형 사건을 신고하다니. 그래도 나름 기지를 발휘해서 이렇게 말했다.

"이런 큰 사건은 지구대에서 처리하기 힘드니, 보령경찰서 형사과 전화번호를 알려 드릴 테니, 그곳으로 연락해 보실래요?"

신고자는 그러겠다 말하고 전화를 선선히 끊었다. 그리고 나는 그 일을 까맣게 잊고 야간 근무를 마치고 퇴근하였다. 그리고 돌아온 주간근무를 평소와 다름없이 하게 되었다. 선배와 순찰차를 타고 관내를 순찰 하다 아무 생각 없이 라디오나 들어볼까 하고 라디오를 켰다. 그때 라디오에서는 음악 대신 뉴스가 흘러나왔는데, 가까운 홍성지청에서 억대 주부도박단을 검거하였다는 뉴스가 나오는 것이었다. 억대 주부도박단! 갑자기 귀가 번쩍 뜨였다. 이틀 전 야간에 누군가의 제보 전화가 떠올랐다.

나는 라디오 볼륨을 높이고 자세히 들어보았다. 보령시 대천동에 있는 모텔에서 억대의 주부도박단을 홍성지청 수사관들이 검거하였다는 내용이었다. 그때 그 장소가 맞아 떨어졌다. 나는 애써 태연한 척 옆에 타고 있던 선배에게 물어보았다.

"혹시 이 억대 주부도박단을 우리가 검거하면 어떻게 될까요?"

선배는 확신있게 말했다.

"당연히 억대 도박단을 검거했으니 경장까지는 무난히 특진시켜 줄 거야."

이 말을 듣는 순간 아뿔싸! 이런 바보, 멍청이. 내 스스로 내 자신에게 욕을 하면서 운전을 하였다. 옆에 선배만 없었으면 소리 내어 꺼이꺼이 하며 울고 싶었다. 당시 순경 계급장에서 바라보던 경장 계급장은 정말 하늘 같이 높아보였다. 그런데 그 기회를 안일한 생각에 날리다니 이 글을 쓰면서 그때 생각에 다시 눈물이 난다. 그리고 10년 후에 또 한 번 필자에게 기회가 찾아왔다.

2015년 8월 3일부터 필자는 광주북부경찰서 다목적 기동순찰대에 근무를 하고 있다. 기동순찰대는 야간에만 근무하는 부서로 지구대, 파출소 등에 신고사건이 폭주하면 해당 관할 지구대 등의 일을 돕고 또 강력사건이 터지면 기동순찰대 순찰차들이 벌떼처럼 몰려가 초반에 범인을 제압 검거하는 부서이다. 이곳에 근무하면서 관운이 없을 것만 같았던 나에게 기회가 찾아온 것이다.

2015년 9월 2일 새벽 시간대에 해당 관할구역을 순찰 도는 중에 지구대 경찰관 2명이 한 남자를 검문하다 그 남자가 경찰관을 뿌리치고 도망치는 것을 목격하게 되었다. 정말 그 남자는 우사인볼트처럼 총알같이 달렸다. 근데 운 좋게 내가 타고 있는 순찰차 방향으로 뛰어 오는 것이었다. 내가 순찰차에서 뛰어나와 앞을 막자 전혀 예상하지 못 했던 일이라 바로 내 앞에서 몸의 중심을 잃고 넘어졌다. 그 남자가 도망치지 못하게 내가 붙잡고 있자, 지구대 경찰관 2명이 다가와 수갑을 채우기 시작하였다. 그리고 어느새 왔는지 형사기동대 승합차량이 바로 내 뒤에 와 멈추더니 형사들이 급하게 내려 그 남자를 확인하는 것이었다.

순간 내 머릿속에서 '이 남자 중요범인이구나!'라는 확신이 들었다. 그리고 좋은 예감이 들었다. 그 남자는 이제 범인으로 바꾸겠다. 그 범인은 절도죄로 대전교도소를 만기복역한 자로, 출감 이후 광주 등을 돌며 세차장, 주유소 등을 30회 이상 금품을 절취한 상습 절도범이었다.

이 범인을 주요 공적으로 하여 필자는 2016년 9월 28일에 광주지방경찰청 정기특별승진에서 당당히 경사에서 경위로 특진을 하게 된다.

필자는 앞서 서두에서도 적었지만 매번 한 번에 성공한 적이 없다. 이 특진도 이 범인을 주요공적으로 내세워 꾸준히 특진 서류를 제출하여 3번 만에 특별승진하게 되었다. 첫 특진서류를 작성하고 제출하였을 때 한 번에 특진할 거라 기대했지만 아쉽게 떨어지고 나서 정말 많이 실망하였다. '내가 중요하게 생각한 범인이 남들 눈에는 별거 아니구나!'라는 생각에 좌절도 하였다. 하지만 곧 생각을 바꾸고 부가적인 실적도 올리고 나를 알리기 위해 중앙지, 지역신문 등에 기고하고, 학교폭력예방이라는 명목으로 중·고등학생들을 상대로 쉬는 날 특강도 다녔다.

이러한 노력이 헛되지 않았는지 정말 운 좋게 2016년 광주지방경찰청 정기 특별승진에 경사에서 경위로 특진하게 되었다. 지금도 나와 함께 특별승진을 겨루신 분들의 공적을 보면 간담이 서늘하다. 그런 분들과 특진을 겨루었다니 정말 운이 좋았던 것 같다. 여기까지 내 이야기를 마치겠다.

필자가 중요범인 검거 유공으로 2016년 9월 28일 경위로 특별승진 되어
동료들에게 꽃다발을 받는 모습.

이렇게 다섯 번째는 운이 좋아 상을 받는 것인데, 신고출동 나가
면 정말 최선을 다해 적극적으로 임하기 바란다. 가끔 출동 나가
면 뒤에 서서 아무것도 하지 않는 동료들이 있다. 그 직원은 항상
일도 수동적으로 하기에 동료들로부터 인정받지 못하고 있다. 만약
이 글을 읽고 경찰관이 된 그대여! 적극적이고 진취적으로 경찰활
동을 해주기 바란다. 그럼 그대에게 표창 또는 승진이라는 보상이
기다리고 있으니 말이다. 한 가지 더 사례를 적어보겠다.

광주광산서 비아파출소 경위 임○○은 2016년 9월 14일 16:10경 광주 동구 대인동 소재 금은방에서 손님으로 위장하고 금목걸이 14개(5,500만 원)를 절취 후 도주하여 긴급수배 된 차량이 관내를 지나고 있다는 지령 접수, 긴급배치 장소로 이동,

긴급배치 중 수배차량 발견하였으나 검문불응하고 역주행 도주하여 도주방향 등 무전전파하며 차량 추격 실시,

차량으로 약 5km 추격 중 차량을 버리고 도보로 도주하는 피의자를 계속해서 추격하여 검거.

유공자: 광주광산서 비아파출소 경위 임○○
(경찰청 업무보고 우수사례 게재 및 경찰청장 표창)

꼭 근무 중에 상을 받을 기회가 생기면 놓치지 않도록 최선을 다하기 바란다. 위 사례를 보면 형사들만이 범인을 검거한 것은 아니다. 파출소에 근무하다 무전지령을 받고 출동한 경찰관이 그 범인이 도주하자 끝까지 포기하지 않고 추적하여 검거한 것이다. 당연히 열심히 근무하였으니 표창도 받는 것이다.

Ⅲ. 경찰 직업의 매력

경찰공무원의 가장 큰 매력은, 법에 따라
신분을 보장받는다는 것이다. 즉, 법률의
규정에 의하지 않고는 경찰공무원에게 면
직 등 신분상의 불이익 처분을 할 수 없다
는 것이다.

대한민국 경찰이 누리는
다양한 혜택과 복지

　요즘 극장에서 조조관람이 아니라면 영화를 보는데 만 원 이상의 금액을 낸다. 하지만 CGV에서는 경찰관 신분증을 제시하면 경찰관우대라고 하여 6천 원에 영화를 볼 수 있게 해준다. 동반 4인까지 1인당 6천 원으로 영화를 볼 수 있는 혜택을 주고 있다. 그리고 이런 혜택들을 주는 기업들이 점점 늘어가고 있다.

　임플란트 등 고가의 의료서비스를 저렴한 가격에 경찰과 경찰가족에게 해주는 치과 병원이 늘어나고 있으며, 장례식장, 일반 병원들이 곳곳에서 경찰관 제휴를 통하여 할인을 해주고 있다. 또 레저시설이 많은 주요 관광지 펜션, 식당 등에서도 경찰관 할인이 되고 있다.

　필자는 제 값을 내고 관광지에 있는 워터파크 등을 이용하고 근무 복귀한 후 경찰 내부 인터넷망에서 복지혜택을 확인하고 후회한 적이 한두 번이 아니다. 경찰관이라고 할인을 해주는데 그것을 모르고 제 값으로 요금을 계산한 것이었다. 그래서 재미있게 놀고 왔는데도 후회를 한 것이다. 요즘 그런 곳이 너무 많아서 일일이 기억하기가 힘들다. 그러니 미리 인터넷으로 확인해보거나 현장에서 꼭 경찰관 신분증을 제출하고 경찰관 우대가 있는지 물어보기 조언한다.

●**경찰공제회**는 경찰관들의 생활안전과 복지증진 목적으로 설립된 후생복지기관이다. 경찰공제회는 9만 2천 명의 회원과 1조 2천억 원의 자산을 보유하고 있다. 경찰관은 이 경찰공제회의 회원이 되어 자유롭게 매월 최대 100만 원에서 최하 5천 원까지 계좌를 개설하여 납입할 수 있다. 경찰관이 되었다면 경찰공제회 가입하고 재테크의 문을 열기 바란다.

회원은 공상 요양부조금, 출산부조금, 결혼축의금, 법률구조지원금을 지원받을 수 있다. 또 이 경찰공제회와 협약을 맺은 콘도, 놀이시설을 할인가격으로 이용할 수가 있다.

이 공제회의 많은 사업 중에 필자가 주력 사업으로 생각하는 것은 경찰승진 교재를 판매하는 것이라고 본다. 매년 경찰실무집을 이 경찰공제회에서 발행하는데 시험 준비하는 경찰관들은 모두 이 책을 사지 않을 수 없기 때문이다. 각종 사업에 진출하여 수익을 창출하고 있지만 교재 판매 이익만으로도 충분히 공제회 운영에 큰 무리가 없을 것으로 보인다.

경찰공제회 사이트(www.pmaa.or.kr)

●국내 주요 관광지에는 **경찰수련원**이 있다. 보령, 제주도, 강릉, 변산, 진도, 통영 등에 경찰수련원이 있는데 시설은 여느 펜션에 뒤지지 않다. 물론 경찰수련원을 풍경 좋은 곳에 많은 투자를 한 펜션에 비교하기에는 무리가 있다.

그러나 수련원 이용료가 만 원에서 만오천 원밖에 하지 않아 가격대비 이만한 장소는 없다고 본다. 다만 한 가지 아쉬움 점은 늘 이용자들이 몰려 경쟁이 치열하다는 것이다. 이곳을 이용하려면 한 달 전에 신청을 하고 추첨에 당첨되어야 하는데, 정말 운이 좋아야 한다.

132

필자는 보령 경찰수련원과 제주도 수련원에서 숙박을 한 적이 있다. 두 곳 모두 가족들과 함께 갔는데 가족들에게 경찰위상을 나타낼 수 있어 너무나 좋았고, 가족들도 경찰수련원 시설에 매우 만족하였다. 그리고 부산경찰청에서 365억 원을 투입하여 송정리해수욕장 부근에 경찰수련원을 2020년까지 완공시킨다는 반가운 소식이 있다. 충북지방경찰청에서도 제천에 320억 원이라는 사업비로 수련원을 2017년 1월부터 건립할 예정이다. 이 수련원은 9만2564㎡ 터에 건축 총면적 1만271㎡(지하 1층, 지상 4층) 규모로 110개 객실, 강당, 교육시설, 지원시설을 갖추고 야외 체육시설, 물놀이장, 공연장, 야생화 정원, 학현뜨락, 무궁화동산도 조성한다고 한다. 경찰관이라는 신분만으로 이런 콘도에서 만 원으로 숙박을 할 수 있다니 정말 괜찮지 않나 싶다.

경찰대학교와 경찰교육원에 경찰관을 위한 골프장이 있는데, 이곳에 경찰관이라면 일인당 2만 원에 골프장을 이용할 수가 있으면 동반 4인까지 일인당 2만 원으로 이용할 수가 있다. 현직 또는 퇴직한 경찰관이라면 골프장 회원권을 확보한 셈이다. 보통 골프장 회원권이 수천만 원이 넘는데 경찰관이라는 신분만 있으면 골프회원권을 평생 가질 수가 있는 것이다. 현직에 근무하는 경찰관들도 이것을 잘 모르고 있으며 이곳을 이용하는 방법을 잘 모르기 때문에 필자가 이용 팁을 몇 자 적겠다.

이곳을 이용하기 위해서는 인터넷에서 회원 가입을 하여야 한다. 검색창에 경찰교육원 체력단련장이라 치면 메인 화면이 나오는 데 순서에 따라 회원을 가입하고 달력 모양의 캘린더 화면으로 들어가 본인이 원하는 날짜에 예약이 가능한지 확인을 하고 예약을 하면 되겠다. 이곳을 이용하려면 3인 이상이 되어야 하며 1인 또는 2인은 이용할 수가 없다. 그리고 캐디가 없으니 참고하기 바란다. 캐디가 없는 것 말고는 모든 시설이 나름 갖추고 있다. 취미가 골프라면 이곳으로 친구 또는 연인, 가족을 초대하여 멋지게 골프 라운딩 하길 추천 한다.

경찰교육원 체력단련장 홈페이지(www.pticc.go.kr)

134

경찰관과 경찰 자녀들을 위한 장학금 제도가 활성화 되어 있으며, 자녀들 둔 경찰관이라면 한번쯤 장학금을 타보지 않았을까 싶다.

국가에서는 경찰관 자녀가 중학교와 고등학교에 취학한 때에는 취학 자녀의 공납금(수업료, 육성회비 등)을 보조한다. 또한 경찰관 본인이나 자녀의 국내외 대학 등록금에 대해 무이자 대부를 시행하고 있다. 그리고 경찰공제회에서는 회원이 교통사고로 사망한 경우 회원의 유자녀에게 자녀 수 제한 없이 장학금을 지급하고 있다.

하지만 이런 많은 혜택보다 경찰공무원의 가장 큰 매력은, 법에 따라 신분을 보장받는다는 것이다. 즉, 법률의 규정에 의하지 않고는 경찰공무원에게 면직 등 신분상의 불이익 처분을 할 수 없다는 것이다. 혹시 불이익 처분을 받았다면 그에 대해 이의신청을 하는 소청심사청구를 요구할 수 있다. 많은 경찰공무원들이 한순간의 실수 등으로 파면, 해임 처분을 받지만 소청심사청구를 통하여, 강등, 정직 또는 감봉 등으로 구제되고 있다.

경찰공무원 뿐만 아니라 모든 공무원의 신분을 보장하는 이유는 신분 보장이 행정의 일관성과 전문성, 그리고 능률성을 유지, 향상시키는 조건이 되기 때문이다. 또한 신분이 보장되어야 공무원이 정치적 중립을 유지하면서 국민 전체의 봉사자로서 그 책무를 다할 수 있기 때문이다. 경찰공무원은 자신이 큰 잘못을 저지르지 않는 한 60세까지 정년을 보장 받는다. 일반 기업체의 정년이 50~55세 전후인 것과 비교하면 너무나 큰 매력이 아닐 수가 없다.

일류대학을 나오고 대기업에 입사한 후 다니던 대기업을 그만두고 우리 경찰조직에 들어온 동료를 본 적이 있다. 그 동료에게 왜 훌륭한 직업을 버리고 경찰말단 순경으로 들어왔는지 물어보자. 그 동료가 이렇게 말하였다.

"물론 대기업에 다니면서 억대연봉을 받으며 산해진미도 먹어보고 옷도 잘 차려 입고 다녔어요. 하지만 대기업에서 나에게 공짜로 돈을 주지 않아요. 항상 동료들과 끊임없이 경쟁을 시키고 새로운 아이디어를 제출하도록 만들었죠. 날마다 새로운 아이디어가 나오겠어요. 하지만 계속 근무를 하기 위해서는 어쩔 수 없이 아이디어를 짜내어 제출하여야 해요. 그러다 어느 순간 내 영혼과 육체를 탈탈 털어가는 것이 아닌가? 이런 생각이 들더라고요. 그런 게 싫어 공무원을 선택하였고, 그리고 경찰에 들어와 편안하게 생활하고 있습니다."

구분		일반가		경찰할인가	
		18년 4월 이전	18년 4월 이후	18년	19년
CJ CGV 롯데시네마	2D	최대 11,000원	최대 12,000원	6000원	7,000원
	3D	최대 13,000원	최대 14,000원	10,000원	8,000원

※CGV는 본인 포함 4인까지, 롯데시네마는 본인 포함 3인까지 할인가 적용받음.

136

급여와 수당

순경으로 막 시작하게 되면 2016년 기준으로 순경 1호봉 기본 급은 1,434,300원이다. 지구대에 근무한다고 과정하면 여기에 위험수당, 치안활동비, 시간외수당, 휴일수당, 야간수당, 가족수당이 더해져 대략 200만 원 전후를 받게 된다.

이러한 수당들에 대하여 약간의 추가 설명을 하겠다.

• 규정된 근무시간보다 더 근무하게 되면 1시간 단위로 계산하여 받는 시간외수당

• 야간에 근무하게 되면 받는 야간수당

• 휴일에 출근하여 근무하는 자에게 지급되는 휴일근무수당

• 부양가족에 대해 지급하는 가족수당

• 자녀가 있으면 받게 되는 가족수당(자녀수당)

• 2012년부터 다자녀 혜택으로 추가 지급받는 가족수당(자녀가산수당)

• 특수한 직무에 종사하게 되면 특수근무수당

• 일직, 당직 근무자에게 지급되는 일직·숙직 수당

• 기타 정액급식비, 직급보조비

• 동원 되게 되면 받는 교통요원 수당, 경호 수당, 비상경계근무 수당, 비상동원 수당 등

지구대에서 휴가자들이 생길 경우 이를 대체할 근무자를 자율적으로 지원 받는데, 이것을 자원근무라고 한다. 이 자원 근무는 비번 날 출근하는 야간자원과 휴무 날 출근하는 주간자원 근무로 나누어진다. 이때 가져가는 수당이 시간외수당으로 12시간 정도 근무하게 되며 계급에 따라 약간의 차이가 있겠지만 평균 10만 원 정도 받는다고 생각하면 된다. 한 달에 자원 근무를 4번하게 되면 순경 1호봉 월급이 240만 원 전후가 되는 것이다. 집에서 쉬지 않고 돈을 벌기 위해 비번 날 출근하는 동료들이 의외로 많다. 그런다고 모두 다 자원근무를 할 수는 없다. 휴가, 공가, 병가, 교육 등으로 근무인원이 빠지게 되면 그 인원 수 만큼만 자원근무자를 받는 것이다. 그리고 어떤 팀은 아예 자원근무를 하지 않는 팀도 있다. 쉴 때 푹 쉬겠다는 마인드를 가지고 있는 동료들이다. 그러면 휴가 등으로 근무인원이 많이 빠진 팀에서 근무인원을 채워야 하기에 자원근무 좀 들어와 달라고 사정하는 경우가 생긴다. '최대한 편안하게 근무일지 편성할 테니 제발 자원근무 들어와 줘'라며 부탁 아닌 부탁을 하게 된다.

최근 몇 해 동안 초과근무에 받는 시간외수당과 야간 근무에 받

는 야간수당, 주말과 공휴일 근무에 받는 휴일근무수당 등이 신설되었다. 그리고 2016년 하반기에 또 한 가지 수당이 생겼다. 그것은 출동업무수당이라는 것으로 모든 신고사건 출동에 해당되는 것은 아니고 야간에 5대 범죄에 해당하는 강력신고를 받고 출동할 때 한 건당 3천 원씩 받는 것이다. 경찰관으로 당연히 해야 할 일을 하는 것이지만 출동수당도 챙길 수 있으니 정말 놀라운 변화다. 이렇게 점점 경찰관의 급여가 현실적으로 바뀌고 있으며 수당도 점점 늘어나고 있다. 열악한 근무환경, 근무시간의 과다가 예전에는 우리 경찰의 단점이었으나, 지금은 오히려 수당 등으로 충분히 보상을 해주고 있어 장점이 되고 있는 실정이다.

현재 지구대는 4부제 근무를 하고 파출소는 3부제 근무를 하고 있다. 파출소는 그 만큼 일하는 시간이 많은 편이다. 그래서 지구대와 근무 시간을 맞추기 위하여 파출소 근무자들에게 매달 주간 2회, 야간 2회 정도 휴무를 주고 있다. 그러나 근무 인원이 없거나, 개인이 쉬지 않고 열심히 일하겠다고 하면 굳이 휴무를 가지지 않아도 된다. 이에 대한 보상으로 시간외수당을 두둑이 챙기니 서로 윈윈이다. 이러다 보니 보통 지구대 보다는 파출소가 월급이 조금 많은 편이다.

경찰서에는 각 부서 마다 약간의 봉급 수당에 차이가 있다. 경무과, 생활안전, 경비과는 내근부서 중에서 수당이 가장 적다. 기본급 외에 유일하게 돈을 벌 수 있는 시간외수당도 월 60시간으로 정해져 있어 많이 받아도 한계가 있다. 시간외수당을 다 채우지 못하면 급여가 현실적이지 않기 때문에 일찍 출근하여 늦게 퇴근하는 경우가 허다하다. 그리고 공휴일에도 업무를 보기 위하여 출근하는 경우가 있다. 이 시간외수당을 다 채워야 그나마 월급이 동료들과 엇비슷하기 때문이다.

경찰서 각 해당 수사부서에는 수사비, 정보과는 정보비, 보안과는 보안수사비 등이 시간외수당과 별도로 함께 받는다. 물론 이 수당을 쓰기 위해서는 관련 서류를 항상 제출해야 한다. 예를 들어 수사비로 주유소에 기름을 넣으면 어디를 무슨 이유로 차량을 운행하여 지출하게 되었는지 사유와 영수증을 제시하여야 한다. 수사비로 식사를 하게 되어도 마찬가지로 영수증 등 관련 자료를 제출하고 무슨 근거로 식사를 하게 되었는지 사유서를 제출하여야 한다.

90년대 경찰관들의 급여는 정말 비현실적이고 박봉이라 살아가기 위해 경찰관들이 비리를 많이 저질렀다. 그러다 보니 '투캅스'라는 영화가 탄생하지 않았나 싶다. 영화는 현실을 반영한다. 그래야만 관객이 호응을 하기 때문이다. 지금 이 영화가 개봉하면 말도 안 된다고 하겠지만 그 당시에는 너무나 현실을 잘 표현했는지 이 투캅스라는 영화가 시리즈로 3탄까지 나오게 되었다.

이 시절 형사들은 시간외수당도 받지 못하고 날마다 근무를 하고, 자신의 사비로 전국 곳곳을 누비면 범인을 추격하였다. 그러다 보니 마을에 돈 많은 유지들과 친하게 지낼 수밖에 없었다. 그들에게서 차비와 용돈 등을 받아 수사비로 쓰는 형사들도 있었다. 하지

호봉	치안정감/소방정감	치안감/소방감	경무관/소방준감	총경/소방정	경정/소방령	경감/소방경	경위/소방위	경사/소방장	경장/소방교	순경/소방사
1	3,632,400	3,270,100	2,950,200	2,649,000	2,382,800	2,057,700	1,838,500	1,704,100	1,547,400	1,434,300
2	3,759,700	3,391,400	3,059,400	2,752,300	2,473,300	2,146,100	1,925,100	1,780,400	1,619,800	1,502,400
3	3,890,300	3,514,300	3,171,800	2,857,300	2,568,000	2,236,400	2,012,900	1,861,200	1,696,200	1,574,400
4	4,023,800	3,638,500	3,285,000	2,964,600	2,666,600	2,329,300	2,103,100	1,946,100	1,774,100	1,650,800
5	4,160,500	3,764,200	3,400,100	3,073,500	2,767,600	2,423,600	2,195,400	2,034,000	1,855,300	1,727,900
6	4,298,900	3,890,200	3,516,300	3,183,400	2,870,800	2,520,400	2,288,900	2,124,100	1,938,300	1,806,700
7	4,439,400	4,017,800	3,633,800	3,294,300	2,975,500	2,619,100	2,383,000	2,214,900	2,021,800	1,882,100
8	4,581,100	4,145,400	3,751,700	3,405,600	3,081,600	2,718,600	2,477,400	2,306,000	2,101,700	1,954,900
9	4,724,600	4,273,700	3,870,600	3,517,600	3,188,000	2,819,300	2,572,100	2,392,700	2,178,200	2,024,600
10	4,869,100	4,402,000	3,989,400	3,629,300	3,295,200	2,913,300	2,661,500	2,475,700	2,250,400	2,091,500
11	5,013,300	4,530,900	4,108,300	3,742,000	3,395,100	3,002,200	2,745,600	2,553,800	2,320,400	2,155,500
12	5,162,200	4,664,100	4,231,700	3,848,000	3,491,600	3,088,800	2,828,200	2,630,500	2,388,800	2,218,900
13	5,312,100	4,798,300	4,346,400	3,947,300	3,583,300	3,170,700	2,906,800	2,703,400	2,454,600	2,279,800
14	5,462,400	4,919,600	4,452,700	4,039,900	3,658,800	3,248,900	2,980,800	2,773,200	2,517,300	2,338,900
15	5,593,700	5,031,500	4,550,700	4,127,000	3,749,500	3,322,300	3,051,900	2,839,600	2,577,600	2,395,400
16	5,710,200	5,134,200	4,642,200	4,209,100	3,825,500	3,392,700	3,116,500	2,902,700	2,635,700	2,450,100
17	5,813,600	5,228,700	4,727,200	4,285,500	3,896,900	3,458,100	3,182,300	2,963,200	2,690,100	2,503,600
18	5,905,800	5,314,800	4,806,200	4,356,800	3,964,400	3,521,100	3,242,600	3,021,000	2,743,000	2,553,400
19	5,988,200	5,394,600	4,879,300	4,423,400	4,028,000	3,580,100	3,299,900	3,075,300	2,793,500	2,602,300
20	6,062,100	5,467,400	4,947,700	4,485,600	4,087,500	3,636,200	3,354,300	3,127,200	2,841,800	2,648,900
21	6,130,200	5,533,800	5,011,000	4,543,800	4,143,500	3,688,900	3,406,000	3,176,700	2,887,900	2,692,900
22	6,190,900	5,594,900	5,069,600	4,598,400	4,196,200	3,739,800	3,455,000	3,223,400	2,932,200	2,735,200
23	6,242,100	5,650,700	5,123,900	4,649,500	4,245,900	3,786,600	3,501,200	3,268,500	2,974,300	2,775,400
24		5,696,300	5,174,300	4,697,700	4,292,300	3,831,800	3,545,600	3,311,500	3,014,900	2,814,100
25		5,739,900	5,216,000	4,742,000	4,336,200	3,874,200	3,587,900	3,352,000	3,053,400	2,850,900
26			5,255,500	4,779,300	4,377,500	3,914,400	3,626,700	3,390,900	3,090,900	2,884,200
27			5,292,400	4,813,900	4,411,800	3,952,200	3,659,800	3,423,900	3,122,000	2,912,900
28				4,846,800	4,444,800	3,984,400	3,691,900	3,454,600	3,152,100	2,940,600
29					4,475,100	4,014,300	3,721,900	3,484,300	3,180,400	2,967,300
30					4,504,500	4,043,700	3,750,500	3,512,500	3,208,000	2,993,200
31						4,070,800	3,777,500	3,539,200	3,234,700	3,018,600
32						4,096,500				

2016년 경찰공무원 계급별 급여표

만 지금은 형사과에 근무하게 되면 시간외수당을 두둑이 받을 수 있기 때문에 지구대 보다 더 많은 급여를 받고 있다.

예전에 필자와 함께 고시학원에서 수험생활을 하던 후배가 있었다. 그는 나보다 먼저 경찰관이 되었는데 항상 입버릇처럼 경찰관이 되면 투캅스처럼 돈을 많이 벌겠다고 외쳤다. 지금 그가 열심히 근무하는지 걱정된다. 투캅스처럼 근무하다가는 경찰공무원 옷을 벗어야하기 때문이다. 우리 경찰 조직은 다른 잘못을 저지른 것에 대해서는 비교적 관대하게 용서하고 다시 기회를 주는 편이나, 돈에 관련된 뇌물 등을 받는 것에 대해서는 전혀 관대하지 않기 때문이다.

어렵게 공부하여 경찰관이 되었다면 이런 실수를 하지 않기를 당부한다. 부자가 되기 위해서는 돈을 많이 버는 것보다 어떻게 쓰느냐? 이게 중요하다. 자족(自足)하는 마음을 가지고 생활한다면 적은 월급도 크게 느껴질 것이다.

다행히 매년 공무원 급여가 소폭 상승하고 있으니 참고하기 바란다.

출동업무수당은 2016년 3월 최초 도입되어 운영되었다. 야간시간(22:00~06:00)에 코드 제로, 코드 원 같은 살인·강도 등 16개 종별만 지급대상이었으나, 2017년부터는 야간시간에 코드제로, 코드원 신고사건에 대해서 종별 구분 없이 건당 3,000원씩 지급범위가 확대되었다.

너무나 다양한 이색 부서

■도로 위의 치타, 싸이카 순찰대

싸이카 순찰대는 '신속기동'이라는 장점 때문에 경찰관뿐만 아니라 시민들에게 깊은 인상을 싶어준다. 싸이카 순찰대는 지원부서로 125cc 이상의 오토바이를 타야 하기 때문에 2종소형면허가 지원자에게 꼭 필요하다. 이들이 타는 오토바이는 125cc가 아니고 1200cc, 1700cc인 400kg에 달하는 대형오토바이들이다.

이들의 주요업무는 경호, 귀빈 에스코트가 가장 중요한 업무이고, 교통 홍보단속, 출퇴근시간에 주요 교차로 교통정리, 집회 행사 때 교통관리, 마라톤 대회 같은 체육행사에서 시민의 안전을 위해 일한다.

꽉 막힌 도로, 사고로 정체된 구간에 순찰차가 진입하기 힘든 곳에 이들이 차량 사이로 뚫고 들어가 차들을 한방에 뚫어주는 모습을 보면 같은 경찰로써 뿌듯함을 느낀다.

■경찰의 리베로, 다목적 기동순찰대

리베로(libero)는 이탈리아어로 자유인이라는 뜻이다. 2014년 8월 처음 생겨난 부서로 이들은 야간에만 근무를 한다. 경찰업무가 많은 지역과 112신고 출동건수가 폭주하는 야간 시간대에 이들이 근무하는데 보통 집단으로 이루어지는 사건이나, 강력 사건 등에 많은 순찰차들이 떼를 지어 몰려와 조기에 범죄를 제압한다는 취지에 창설되었다. 이들은 지구대, 파출소에 신고사건이 폭주하여 출동 나갈 순찰차가 없을 경우 지원하여 112신고사건을 처리하는 등은 다양한 곳에서 활약을 한다. 경찰공식 블로그 '폴인러브'에 다목적 기동순찰대에서 근무하고 있는 천 순경을 인터뷰하였는데 그의 말이 인상적이다.

"저는 너무나 좋습니다. 집단폭행이나 강력사건시 순찰차가 떼를 지어 출동할 때 희열을 느낍니다."

■카우보이, 경찰기마대

1945년 서울 종로구 수송동에서 100명의 인원과 마필 90두로 발족되었으며 1972년부터 서울 성동구 현재 경찰기마대 자리로 이전하였다. 주로 각종 행사 지원 및 혼잡경비, 공원 등 방범활동을 펼치고 있으며, 기마경찰 예복과 조선시대 포도청 복장을 번갈아 입고 근무하는 등 시민들에게 볼거리도 제공하고 있다.

■행사 도우미, 경찰악대

경찰악대는 대민봉사와 경찰관의 사기를 앙양시키기 위하여 설립된 취주악단이다. 경찰관들의 정서함양과 정부 및 공공단체 등의 행사, 시민위안연주회, 학교순회연주회, 어린이들을 위한 연주회를 통하여 경찰이미지 향상에 기여하고 있다.

■심마니, 경찰산악구조대

1983년 인수봉 조난사고로 7명의 희생자가 발생한 뒤 창립된 구조대는 등산객을 돕고 위급한 상황에 대처하며 지금까지 많은 조난자들 구조하고 있다. 우리나라 암벽타기의 메카인 북한산 인수봉에 많은 등산객들이 매달려 있는 모습을 늘 조마조마한 마음으로 바라보는 산악구조대 김 모 대장은 이렇게 말한다.

"산을 찾을 때는 늘 겸허해야 합니다. 등반의 기본은 안전입니다. 인터넷 동호회원들이 기본적인 교육도 안 받고 등반해서는 안 됩니다."

■여행가이드, 관광경찰

이들은 관광지에서 범죄예방 및 기초질서 유지, 외국인 관광객 대상 불법행위 단속과 수사, 기타 외국인 관광객의 관광 시 불편사항을 처리하는 임무 등 다양한 관광 서비스를 제공하는 일을 하고 있다.

명동에서 시작된 관광경찰은 현재 이태원, 동대문, 인사동, 홍대, 청계천, 남대문 등 외국관광객들의 수요가 많은 서울과 부산에서 업무를 수행하고 있다.

■야전병, 경찰기동대

이곳은 지방청 경비과 소속으로 경호, 경비, 테러, 재해, 재난, 교통·방범 지원, 실종자 수색 등 다양한 업무를 수행한다. 앞으로 의무경찰이 사라지고 경찰관으로 구성된 경찰기동부대가 늘어날 것으로 예상된다. 필자가 근무하는 광주지방경찰청도 현재 1,2기동대와 여자경찰관으로 구성된 3제대가 있으나, 2020년에는 3, 4기동대가 추가로 더 만들어진다고 한다. 경찰기동대는 그 지역에서만 근무하는 게 아니라 전국단위로 파견 나가 맡은 임무를 수행한다. 필자는 2018년에 광주청 2기동대에 근무하였다. 당시 평창동계올림픽이 강릉과 평창에서 열려 그곳에서 경호, 경비 업무로 약 한 달간 가족과 떨어져 생활한 적이 있다. 올림픽 경기도 구경하면서 전 세계인의 축제를 직접 눈으로 확인하여 나쁘지 않은 경험이었다.

Ⅳ. 수사부서의 종류와 업무

우리나라는 인구 100만 명이 넘는 광역시, 10만 이상의 시, 10만 미만은 군 단위 행정 구역으로 나누어져 있다. 광역시, 시, 군에는 해당 경찰서가 설치되어 있으며, 도시의 인구수에 비례하여 경찰관 근무 인원도 각기 제각각이다.

형사과

우리나라는 인구 100만 명이 넘는 광역시, 10만 이상의 시, 10만 미만은 군 단위 행정구역으로 나누어져 있다. 광역시, 시, 군에는 해당 경찰서가 설치되어 있으며, 도시의 인구수에 비례하여 경찰관 근무 인원도 각기 제각각이다. 경찰서 근무 인원에 따라 1급서, 2급서, 3급서로 나누며 1급서에는 생활안전과, 여성청소년과, 교통과, 경비과, 보안과, 정보과, 경무과, 형사과, 수사과, 청문감사관실이 있다. 하지만 3급서에는 생활안전교통과, 정보보안등 이렇게 여러 과가 하나로 묶여 있어 한 가지 분야의 일만하는 게 아니라 여러 개 일을 동시에 하는 경우가 있다.

필자가 잠깐 근무한 적이 있던 전남 장성경찰서는 경비과, 교통과, 여성청소년과, 형사과라는 부서가 없다. 그냥 해당 부서를 비슷한 업무를 보는 과와 통합시켜 놓았다. 필자는 현재 1급서라 불리는 광주북부경찰서에 근무하고 있지만 예전에 3급서인 장성경찰서에도 근무를 하여 이런 시스템에 대하여 잘 알고 있다. 장성경찰서 수사과에 당직 하는 경찰관이 1명밖에 없어 범인을 체포하여 연락 없이 경찰서로 찾아가자 당직 형사가 당황하던 기억이 새롭다.

광주북부경찰서 근무 인원은 700명이 넘어 가고 있으며, 이는 장성경찰서 근무 인원 120명의 5배가 넘는 수치이다. 수사부서 역시 3급서는 세밀하게 나누어 있지 못하다. 1급서에는 수사부서 종류가 너무 다양하게 세분화 되어 있지만 3급서는 아예 나누지 못하고 그냥 수사과 안에 직원 6~7명 근무하는 게 고작이다. 1급서에서는 형사과만 해도 형사반, 강력반, 변사자수사팀, 생활범죄수사팀, 형사지원팀 등으로 나누어져 있고 형사반 4개 팀, 강력반도 7개 팀이 있으며 한 팀당 5명 이상 근무를 하고 있다. 시골 경찰서와 규모와 인원에 있어서 어마어마한 차이가 난다.

●**형사과**는 형사팀과 강력팀으로 나누어진다. 광주북부경찰서는 형사팀이 4개의 팀으로 일근 당직 비번 휴무 패턴으로 돌아가며 근무를 하고 있다. 형사팀은 대부분, 지구대, 파출소에서 올라오는 폭력 사건 등을 전담하고 있으며, 강력팀은 7개 팀이 강도, 절도 등 강력 사건 위주로 지구대, 파출소에서 올라오는 사건 외에 기획 수사를 하여 범인을 검거하고 있다. 강력팀은 현장에서 활동을 많이 하는 편이고, 형사팀은 사무실 내에서 조사를 많이 하는 편이다.

워낙 광주북부경찰서 관내가 넓다 보니 사건들이 매우 많다. 그러다보니 야간에 각 지구대와 파출소에서 사건관련자들이 조사받기 위하여 형사과의 피의자 대기실에 앉아있으면, 어쩔 때는 저 많은 피의자들을 몇 명 되지 않는 당직 팀에서 다 컨트롤 할 수 있을까? 하는 의구심이 들 때도 있다. 하지만 지구대에서 난동을 부리던 피의자들도 형사과에 들어가면 형사들의 기에 주눅이 드는지 조용해지는 모습을 자주 보았다.

가끔 만취된 주취자는 어쩔 수 없지만 피의자들도 형사는 알아보는가 보다. 지금 필자와 같이 근무하는 후배는 서울에서 근무하다 광주로 오게 되었는데, 서울에서 근무할 당시 조양은을 직접 본적이 있다고 한다. 당시 후배는 수사과 경제팀에서 근무를 하였는데 무전취식을 하여 사기로 현행범체포 된 피의자를 유치장에 수감하기 위하여 유치장에 들어갔는데 마침 그 자리에 조양은이 있어 직접 눈으로 보게 되었다고 한다. 후배는 지금도 조양은의 눈빛을 잊을 수가 없다고 한다. 나이는 들었지만 날카롭고 강렬한 눈빛이 사람을 주눅 들게 만든다고 하였다.

근데 후배가 데리고 들어간 만취된 피의자가 조양은에게 욕설을 하고 죽여 버리겠다며 소리를 고래고래 지르더라는 것이다. 술에 취해 아무것도 보이지 않은 것이다. 다음날 그 피의자가 술이 어느 정도 깬 후 조사를 위해 유치장 밖으로 나갈 때 조양은에게 꾸벅꾸벅 죄송하다고 인사를 수없이 하면서 나왔다고 한다. 이렇게 만취되면 형사도 조폭도 모두 눈에 보이지 않는가 보다. 그래서 술이 무섭다. 사람이 술을 마셔야지 술이 술을 먹고 술이 사람을 먹을 정도 마시지 말자.

몇 년 전에 잘 아는 후배가 형사과에 근무하여 후배들과 술자리를 한 적이 있다. 그때 누군가 자신이 아는 후배가 현직에 있는 조폭인데 같이 술자리를 해도 되는지 물어보았다. 다들 괜찮다고 하여 조폭이라는 후배와 술자리를 함께 하게 되었다.

이 조폭 예의바르고 겸손하였는데 씨름선수를 연상할 만큼 덩치가 컸다. 얼굴은 시내를 걸어가면 다들 알아서 길을 비켜줄 것만 같이 생겼었다. 조폭도 대단하지만 이런 조폭들을 잡으러 다니는 형사들도 참 대단하다는 생각을 술 마시면서 하였다.

형사의 체력을 말할 땐 육체적 힘이 전부가 아니다. 진짜 체력은 '이골'이다. 우리는 밤 12시에 퇴근했다가도 새벽 2시에 나오라면 뛰어나와야 한다. 큰 사건 터지면 그 상태로 하루 이틀, 때론 한 달 두 달도 간다. 그런 식으로 잠 못 자는 생활이 계속되고 위험한 상황에 처할 수도 있다. 하지만 단 1초 실수에 범인을 놓칠 수도 있는 법이다. 그건 용납할 수 없는 일이다. 형사는 그 팽팽한 긴장감을, 언제 끝날지 모를 그날까지 유지해야 한다. 이 모든 게 몸에 푹 배어 있어야 한다. 이골이 나지 않으면 버텨낼 수 없다는 건 그런 뜻이다. 그게 진짜 형사의 힘이다.

— 최초 여성 형사반장 박미옥

최근에는 형사과 내에 생활범죄수사팀이라고 새로 생긴 부서가 있다. 경미한 절도 사건을 수사하는 부서이다. 편의점 등에서 과자를 절취 당하거나, 버스에 핸드폰을 두고 내린다거나, 자전거를 도난당하는 등 피해액이 크지 않을 경우 이 부서에서 수사하는데 북부서는 팀장 포함해서 7명이다.

　각 경찰서마다 이 생활범죄수사팀이 하는 일이 약간의 차이가 있으나, 광주북부경찰서의 경우 100만 원 미만의 소액과 범인 특정되지 않은 사건을 이곳에서 취급하는 특색이 있다. 3급서에서는 상상할 수도 없는 부서지만 인원이 어느 정도 되는 1급서에만 있는 이색 수사 부서라고 생각하면 되겠다.

　과학수사팀이 예전에는 각 경찰서별로 형사과에 소속되어 있었으나, 현재 광주지역은 지방청에서 통합하여 각 팀별로 센터를 나누어 운영하고 있다. 범죄가 갈수록 지능화·흉포화 되고 있고 이에 대한 대응력을 높이기 위하여 통합하지 않았나 싶다.

　과학수사요원은 수사 경과자 중에서 과학수사 경험이 있거나, 관련학과 전공 경찰관, 과학수사에 대한 의욕을 가지고 있는 경찰관을 선발 배치하고 있다. 선발된 과학수사요원은 수사연수원에서 시행하는 감식교육 등을 받아야 한다.

　경찰 내부인터넷망에는 매달 '이제는 과학치안'이라는 수사소식지가 게재되고 있다. 이곳에서 대한민국의 과학수사가 어디까지 진행되고 있는지 약간이나마 정보를 얻을 수 있다.

2016년 10월에는 드론전문가 박중현 수사관의 기사가 있어 그 기사를 읽어보게 되었다. 드론(무인항공기)으로 산악이나 고산지대 등 사람의 접근이 힘든 곳에 실종자를 수색할 수 있다는 인터뷰가 기억에 남는다. 최근에 필자가 본 '터널'이라는 영화에서도 드론으로 터널 안을 수색하던 장면이 인상 깊게 남았는데 우리 경찰도 소방구조대처럼 드론을 이용하고 있다는 생각에 자긍심이 들었다.

앞으로 경찰관으로 입직할 여러분들에게 드론전문 수사관의 마지막 인터뷰를 남기고 미지의 과학수사 분야에 전문가가 되기를 바란다.

"다양한 수사 분야가 있지만 앞으로 도래될 사회를 예측해 보면 사이버 분야에 대해서는 분명 수요도 늘어날 것이고 응용분야도 확장될 것입니다. 또한 전 세계적으로 드론을 앞다투어 활용하는 모습을 보면 이 두 분야를 합쳐 경찰에서 독보적으로 응용할 분야가 창출될 것으로 보입니다. 한 분야를 집요하게 파고들면서, 자신만의 장점을 발견하고 이를 키워나간다면, 분명 여러분들은 누가 와도 대체 불가능한 독보적인 수사관이 될 수 있으리라 생각합니다."

— 드론 수사 전문가 박중현 수사관

수사과

수사과에는 지능범죄수사팀, 경제팀, 사이버수사팀, 수사지원 팀, 유치관리팀이 있다.

●**지능범죄수사팀**은 관공서, 공무원 대상의 고소, 고발 사건과 집 회 시위, 선거사건을 주로 다룬다. 경찰관인 필자도 이곳 지능범죄 수사팀에서 피의자를 폭행하였다는 이유로 피의자 신분으로 조사 를 받은 적이 있다. 그 사건의 내용은 이렇다.

음주운전을 한다는 신고를 받고 현장에 출동하였는데, 운전자 는 화물차 운전자로 운전석 쪽 창문을 열고 서행으로 운전을 하고 있었다. 그 차를 도롯가에 세우고 몇 마디 대화를 나누었는데, 술 냄새가 진동을 하였다.

그분은 과일행상을 하신 분이었는데, 입이 상당히 거칠었다. 운 전도 하지 않았는데 왜 음주측정을 해야 하냐고 막무가내로 욕설을 하였다. 그리고 그분 옆에 계셨던 운전자의 부인도 옆에서 거드니 나와 동료 둘이서 해결하기에는 힘에 부쳤다. 30분간 갖은 욕설을 하며 음주측정을 거부하여 주변에 있던 또 다른 순찰차의 지원을 요청하기까지 이르렀다.

그리고 현장에서 음주 측정 거부 명목으로 현행범 체포하려고 하였는데 체포과정에서 함께 출동한 경찰관의 멱살을 잡고 밀어버려 공무집행방해 건을 추가로 하게 되었다. 이 두 건에 대하여 미란다 원칙을 고지하고 다시 수갑을 채우려는 과정에서 이 운전자 분이 바닥에 넘어지게 되었다. 그분은 얼굴을 땅에 부딪쳐 코와 얼굴을 다치게 되었다. 이것을 빌미로 경찰관들에게 폭행당하였다고 주장하며 출동 나간 경찰관 4명을 전부 독직폭행죄로 고소하였고, 그 이유로 필자는 지능범죄수사팀에서 조사를 받게 된 것이다.

결국 이 일로 광주지방법원에 참고인 신분으로 재판장까지 출석하게 되었다. 점심 시간대에 벌어진 일이라 지나가던 시민 한 분이 처음부터 끝까지 보시고 법정에 증인으로 진술까지 하였다. 그리고 음주 운전자가 하도 욕설을 하여 함께 출동한 동료 경찰관이 휴대폰으로 녹음하겠다고 고지한 후 휴대폰으로 음주 운전자가 말하는 것을 계속 녹음하여 추가 증거로 제출하였는데 법정에서 판사가 이 음성파일을 듣더니 이렇게 말을 하였다.

"경찰관 일 하기 정말 힘드시겠어요."

그러면서 동료와 나를 위로했던 기억이 난다.

지능범죄수사팀은 이렇게 공무원 대상의 고소, 고발이나, 집회,

시위에 관한 수사, 선거 사범을 수사하며 다른 관공서 등에서 수사 의뢰가 들어오면 수사하는 부서이다.

●그 다음 소개할 곳은 **경제팀**이다. 이곳은 고소, 고발 사건 등을 수사하는데 횡령, 배임, 사기, 점유이탈횡령죄 등이 대표적이다. 1급서인 광주북부경찰서는 팀장 포함 10명으로 4개 팀이 있다. 또 다른 1급서는 6개 팀에 팀장 포함 6명인 곳도 있다. 경찰서마다 경제팀의 운영형태와 사건 배당받는 죄명 등이 약간의 차이가 있다.

사건 접수는 순번대로 돌아가며 받는데 필자가 근무하는 북부서의 경우 월평균 개인당 20건 정도의 사건을 가지고 근무를 한다. 민원실에 고소, 고발 건으로 민원인이 찾아오면 사건 배당 받을 순서대로 그 민원인을 만나게 된다.

여기서 전문수사관은 곧바로 고소인을 상대로 범죄사실이 소명되도록 진술서를 만들고 피고소인을 불러 조사하여 일을 끝낸다. 하지만 고소인이 민사적인 문제로 고소를 하게 되면 사건접수를 하지 않고 상담만으로 끝내기도 한다. 우리 경찰은 민사문제에 개입하지 않기 때문이다.

경제팀에 들어가 일을 해보지 않았거나 경험이 부족한 수사관들은 처음에 이게 민사사건인지 또 무슨 범죄의 사건인지 분간 못하는 경우가 많다. 그래서 고소인이 고소장을 들고 방문을 하게 되면 일단 접수하여 묵혀둔다.

필자와 같이 근무한 적이 있는 후배는 경제팀에 1년간 근무를 하였는데 처음에 뭐가 뭔지 몰라 힘들었다고 한다. 특히 구속영장을 발부해야 할 놈들이 많았는데 구속영장을 발부한 적이 없어 그냥 불구속으로 검찰에 사건을 넘겼다고 한다.

필자가 물어보았다.

"그럼 너 한 번도 구속영장 친 적이 없어?"

그러자 자신의 경험담을 이야기해 주었다.

여자 고소인이 남자친구를 사기죄로 고소한 사건인데, 여자는 아이가 하나 있는 전문 직업여성으로 이혼녀라고 한다. 그래서 남자의 엄마가 여자친구를 탐탁지 않게 여기었는데, 이 엄마가 꽤 큰 사업을 하고 있었으며 상당한 재력가였다고 한다.

사업장도 크고 사업도 매우 잘 되었는데 이 남자친구가 고소인에게 자신의 엄마의 사업이 힘드니 도와주면 엄마가 무척 감동을 받을 것이라며 속이고 이 여자친구로부터 돈을 받아썼다.

이 고소인은 그 남자의 말을 믿고 대출까지 받아 조금씩 남자친구에게 돈을 건네었는데 무려 9억 원이나 주었다고 한다. 하지만 남자친구 엄마의 반응은 차갑기만 하고 남자친구는 점점 자기를 소홀히 하여 결국 고소장까지 쓰게 되었다.

이 남자친구는 어렸을 때 덴마크 국적을 취득하였고, 외국인들만 드나들 수 있는 카지노를 출입하면서 여자친구에게 받은 9억 원을 모두 탕진하였는데, 이 사실을 조사하는 과정에서 알게 되었다고 한다.

물론 남자친구 엄마의 사업이 힘들다고 한 것은 거짓말이었다.

그런데 이 남자친구를 불러서 조사하여야 하는데 후배가 부르기 전에 찾아왔다는 것이다. 보통 피의자신문조서에 질문할 사항 범죄사실이 소명될 문항 등을 만든 후에 피의자를 부르는데 전화통화 몇 번 만에 이 남자친구가 찾아와 버려 너무 당황하였다고 한다.

이 같은 사실을 후배가 팀장에게 상의하니 팀장이 영장을 치라고 하였다. 그래서 조사받으러 온 남자친구를 긴급체포하여 구속영장을 발부했다고 한다. 그러자 이 남자친구 엄마가 부랴부랴 부장검사 출신의 변호사를 5천만 원에 선임하였다. 그리고 이 변호사가 후배를 찾아와 이렇게 말하였다고 한다.

"조사받으러 직접 찾아온 사람을 어떻게 긴급체포할 수가 있었요?"

그러자 후배가 이렇게 말을 하였다.

"한국사람이 아닌데 만일 한국을 떠나면 당신이 책임질 수 있어요."

이 말에 그 변호사는 대답을 못하고 그냥 돌아갔다고 한다.

후배는 영장실질심사를 받고 돌아와 첫 구속영장이 어떻게 결과가 나왔는지 궁금하였다. 그래서 법원까지 연동이 되어있는 킥스 프로그램을 통해 확인해 보자 그 남자친구가 구속영장이 발부된 사실을 알게 되었다. 이게 그 후배가 처음으로 구속영장을 발부하고 구속시킨 첫 사례이다.

경제팀에 근무하면 개인마다 가지고 있는 사건 건수가 모두 다르다. 이는 자신의 노력에 따라 얼마든지 사건 양을 줄일 수 있다는 말이 된다. 열심히 노력하지 않으면서 사건이 너무 많다고 투덜거리며 근무하는 동료들을 많이 보아 왔다. 남들은 10건 이하의 사건을 가지고 근무하지만 본인은 20건 이상의 사건을 가지고 날마다 시간에 쫓기며 근무를 하는 것이다.

필자가 좋아하는 롱펠로우의 「인생찬가」의 한 구절을 소개하겠다.

> 이 세상 넓고 넓은 싸움터에서
> 길고 긴 인생의 노정에서
> 발 없이 쫓기는 짐승이 되지 말고
> 싸움에서 이기는 영웅이 되라.

사건이 너무 많다고 투덜거리며 발 없이 쫓기지 말고 바쁜 일상에서 여유로움을 가질 수 있는 멋진 수사관이 되기 바라는 마음에서 이 시를 적어본다.

●**사이버범죄수사팀**은 사이버공간에서 일어나는 테러나 범죄행위를 막고, 그 속에서 치안을 확보하여 우리 국민들이 안심하고 생활할 수 있도록 하는 게 그들의 주요 업무이다. 인터넷과 IT기술이 발달하면서 갈수록 새로운 수법의 범죄들이 나오고 있는 추세이다.

그 중에서 가장 많은 사건 비중을 차지하고 있는 게 저작권법위반이다. 저작권이 있는 저작물의 불법적인 다운로드나 MP3 형태의 녹음된 음악이나 청각자료를 공유하는 것으로 인터넷 사용이 활발한 청소년들이 이 법에 저촉되어 소송당하는 경우가 많다. 그리고 그것을 교묘하게 이용하는 성인들이 매우 많다.

웹 사이트에 게시된 글을 저자의 동의 없이 다른 웹 사이트에 복제하는 것이 널리 이루어지고 있지만, 이것도 텍스트로 된 저작물을 잘못 사용하면 저작권 침해가 된다. 또한 오래된 음악의 저작권을 사서 새로운 음악으로 탄생시키고 이것을 샘플링하고 그 저작권을 주장하며 이익을 추구하는 개인이나 회사가 있다. 이들을 저작권 사냥꾼이라 하는데 이들은 어린 청소년들에게 저작권법위반으로 고소를 하고 합의를 유도하고 합의금을 받아 챙긴다. 요즘 변호사 일을 하는 대형 로펌들도 갈수록 일이 줄어들어 이런 일을 전문적으로 소송하고 있으니 무분별하게 복제하는 행위를 피해야겠다.

사이버범죄의 유형은 매우 다양하고 갈수록 교묘하여, 우리 현직 경찰관뿐만 아니라 판사도 '보이스피싱'을 당했다는 신문기사를 읽은 적이 있다. 어떻게 그런 일이 일어날 수가 있을까? 안 당해본 사람은 저런 일을 쉽게 당하나 생각할 수 있겠지만 막상 겪어보면 그렇지가 않다는 것을 알 수 있다. 피싱의 뜻은 개인정보(Private data)와 낚시(Fishing)의 합성어다.

바이두 같은 중국의 웹 검색엔진에 이름과 생년월일을 입력했더니 중국 웹사이트에 자신의 주민등록번호가 버젓이 올라왔다는 경험담이 온라인 커뮤니티 등에서 가끔 볼 수가 있다. 심지어 이곳에 올라온 개인정보에는 소유한 차량, 주소, 가족사항, 핸드폰 번호가 누구나 볼 수 있게 나오기도 한다. 보이스피싱 범죄자들은 이런 개

중국의 유명 검색 포털 사이트, 바이두(www.baidu.com)

인정보들을 교묘하게 이용한다.

　한 예로 광주에서 유명한 병원 원장의 딸을 보이스피싱 범죄자들이 납치 유괴한 것처럼 꾸미고 8,000만 원을 송금하라고 하였다. 분명 딸의 목소리가 아니지만 부모의 입장에서 휴대폰으로 들려오는 애절한 목소리는 자신의 딸로 느껴졌을 것이다. 대개 보이스피싱 피해자들이 이러하다. 이들의 딸은 서울에 있는 모 대학교에 다니는 데 점심식사를 할 때면 핸드폰 등 소지품을 관물함에 넣어두고 식사를 한다는 것이다. 이 사실을 알게 된 범죄자들이 딸과 연락이 끊긴 이 시간대를 이용하여 부모에게 전화한 후 돈을 송금하라고 협박한 것이다. 다행히 경찰에 신고를 하였고 형사들이 서울 모 대학교 교무처에 연락을 하고, 급하게 딸을 수소문하게 하여 딸이 무사하다는 것을 확인하였다. 잠깐의 해프닝으로 끝났지만 아차 하는 순간 쉽게 피해를 볼 수가 있었던 것이다.

유출된 주민등록번호는 다른 범죄에 이용되기 쉽다. 2014년에는 우리나라 국민의 개인정보 2억2,000만 건을 중국 해커로부터 받아 이를 통해 게임 아이템 등을 해킹해 4억 원을 획득한 사건도 발생했다. 당시 경찰 수사 결과, 피해자 수가 2,700만 명에 달하는 것으로 밝혀져 논란이 됐다. 피해를 입은 연령층(15~65세)의 총인구 수는 3,700만 명 정도로, 결국 이 연령대 국민의 72%가 개인정보를 사용한 범죄 피해에 노출돼 있음을 의미한다. 연령대를 20~40대로 좁히면 그 비율은 90% 이상이다. 경찰청 자료에 따르면 2006년 6월부터 2015년 상반기까지 보이스 피싱의 피해건수는 5만여 건이 넘으며, 피해액은 6천억 원에 이른다고 한다.

보이스피싱과 비슷한 '메신저피싱'도 있다. 이 메신저피싱은 우리가 흔히 접하는 카카오톡에서 지인으로 가장하여 채팅으로 소액을 송금해 주라고 요구하는 것이다.

필자도 아내에게 카톡 메시지가 와 확인해 보니 32만 원을 모 계좌로 송금해달라는 것이었다. 필자는 아내의 말이라면 대부분 따르는 편이고 큰돈도 아니라 그냥 보내려다 혹시나 하고 아내에게 전화를 하였다. 하지만 아내는 그런 사실이 없다고 하는 것이었다.

아차! '메신저피싱'이구나.

이런 생각을 하고 곧바로 답장을 하지 않았더니 상대방의 카카오톡 프로필 사진이 아내의 프로필 사진에서 다른 사람의 프로필 사진으로 바뀌는 것이었다. 아마 또 다른 누군가의 지인으로 가장하여 사기를 치는 것 같아보였다. 그리고 잠시 후 프로필 사진이 사라지고 대화방에 알 수 없음으로 바뀌었다.

채팅방에 내용이 남아 있어서 아내에게 보여주었고 한동안 아내의 놀라고 두려움에 떠는 모습을 보았다. 아내의 지인에게 그들이 또 얼마든지 피해를 줄 수가 있기에 두려워하는 것은 당연하다.

요즘 또 한창 화제가 되는 것이 '몸캠피싱'이다. 주 피해자들은 남성들이다. 여자들은 왜 그런 것을 당하는지 이해하지 못하겠지만, 남자들은 유혹에 약한 동물이다.

잘 모르는 여성이 대화를 걸어 자신의 알몸 등을 보여주며 교묘하게 화상채팅을 요구한다. 여기서 상대방은 자신의 음성을 들을 수 있다며 파일을 보내주며 저장하고 다운받으라고 유도를 하는데 그 '스카이프'라는 프로그램을 다운 받게 되면 자신의 핸드폰 정보가 상대방에게 모두 넘어가게 되고 자신의 알몸 사진이나 자위행위 등 야한영상을 지인에게 유포한다고 협박을 당하게 된다. 여기서 벗어나는 방법은 오로지 경찰에 신고하는 것 밖에 없다.

그 다음 사이버범죄가 '스미싱'이다.

스미싱이란 문자메시지(SMS)와 피싱(Phishing)의 합성어다.

'무료쿠폰 제공', '돌잔치 초대장', '모바일 청첩장' 등을 내용으로 하는 문자메시지 내 인터넷주소 클릭하게 되면 악성코드가 스마트폰에 설치되어 피해자가 모르는 사이에 소액결제 피해 발생 또는 개인·금융정보 등이 탈취되는 것을 말한다. 정말 무서운 세상이다. 이를 예방하려면 모르는 번호의 문자메시지와 인터넷 주소 등을 클릭하면 절대 안 되는데 그게 말처럼 쉽지가 않다. 갈수록 사이버범죄가 지능화 되고 있는 시대이니 관련 범죄들이 뉴스에 나오면 정보를 숙지하여 피해당하는 일이 없도록 하는 수밖에 없는 것이다.

사이버범죄와 관련하여 특히 청소년들에게 당부하고 싶은 말이 있다. 음란물을 무분별하게 다운받아 배포하면 처벌 받는다는 것은 굳이 말을 하지 않아도 아는 사실이다. 그리고 아동이 나오는 음란물을 보지 않고 배포도 하지 않고 소지하기만 하여도 아동청소년보호법위반으로 처벌받는다.

또 한 가지, 여자친구 동의 하에 찍은 여자친구의 알몸이나 야한 사진, 영상을 친구들에게 보여주었다면 처벌 받을까? 성폭력특별법위반으로 처벌받는다. 스마트폰으로 지나가는 여성의 특정 신체부위를 사진촬영하게 되면 처벌 받는다는 사실은 모두 알고 있다. 그렇다면 많은 인파가 붐비는 해운대 백사장에서 여성을 찍었다면 처벌을 받을까? 카메라이용촬영죄로 처벌을 받는다. 자칫 호기심에라도 이런 일을 하지 말라고 당부차원에서 글을 적는다.

참고로 사이버범죄수사팀에 근무한다고 해서 모두 컴퓨터관련학과 출신이거나 컴퓨터관련 자격증을 가지고 근무하는 것은 아니지만 갈수록 지능화 되고 있는 사이버범죄수사를 위해서 관련학과 출신이 우대되고 특채로 많이 채용하는 추세다.

경찰청 사이버수사관 특별채용 모집공고문이다. 해당 분야에 관심 있는 분들은 눈여겨보시기 바란다.

■ 사이버 수사 요원 경장 특별채용
○ 정보처리관련 자격증을 보유한 자로 국가기관, 연구기관 또는 민간업체에서 전산관련 업무를 3년 이상 수행한 자
○ 전관관련분야 학사학위 취득 후 국가기관, 연구기관 또는 민간업체에서 전관관련 업무를 2년 이상 수행한 자

■ 사이버 정보보안 요원 경장 특별채용
○ 공공기관·연구기관에서 해당 분야(악성코드 및 모의해킹, 정보보안 개발 분야) 업무 3년 이상 근무 경력이 있는 자
○ 전산관련분야 학사학위 이상 소지자 또는 관련자격증 취득자로서 공공기관·연구기관(국가 또는 군사기관) 또는 민간업체에서 정보보안 업무 2년 이상 수행한 자

수사과에는 수사부서 외에 유치관리팀이 있다. 영장실질심사자,

구속된 피의자, 벌금수배자, 긴급체포자, 현행범인으로 체포되어 오는 범죄자들이 담당 경찰관의 조사나 또는 검찰 인계를 받기 전에 이곳에 유치되는데 이 범죄자들을 관리 감독하는 곳이 유치관리팀이다. 필자도 1년간 보령경찰서 유치장에서 근무한 적이 있다.

유치장에 근무하게 되면 유치인들을 감시 감독하여야 하는데, 가장 중요한 일은 유치인들이 자살이나 자해를 하지 않도록 감시하는 일이다. 유치인들이 순간 극단적인 생각을 하여 자살을 시도하는 경우가 종종 발생하기 때문이다. 그래서 입감 전에 정밀하게 신체검사를 하는데 이 신체검사가 인권을 침해하였다고 논란인 적이 많았다. 그만큼 유치인들을 관리하는 게 어렵고 힘든 일이다. 유치장 근무는 근무자가 유치인들과 똑같이 근무시간에 함께 감금된 생활을 해야 한다. 휴대폰도 쓸 수 없고, 그 안에서 담배도 필 수가 없다.

여담으로 필자가 유치장 근무하면서 유치인들을 관찰하자 죄명별로 그들의 일상이 판이하게 달랐다. 폭행, 상해죄로 들어온 자들은 틈만 나면 엎어져 잠을 자려 하였고, 사기, 횡령, 배임죄로 들어온 자들은 눈동자에서 빛이 나도록 무언가를 집중하여 생각하는 것이었다. 아마 밖에 나가 또 누군가를 사기 치기 위해 머리를 싸매고 연구하는 모양새였다.

교통과

　교통과는 교통안전과와 교통관리과, 교통사고조사계로 나누어
진다. 교통안전과는 교통단속과 출퇴근 시간 교통정리 등을 주요
업무로 하는 곳이다.

　교통관리과는 교통시설과 무인단속, 과태료 등은 교통에 관한
행정처리 전반의 업무를 하고 있으며, 교통사고조사계는 말 그대
로 교통사고가 나면 조사를 하는 곳이다. 사고조사계에 뺑소니반
도 포함되어 있다.

　누군가 주차된 차량을 박고 사고처리 없이 도주하는 사건이 종
종 발생한다. 이러한 사건과 신호위반, 중앙선 침범 등으로 사람
이 다치게 되면 이곳 교통사고조사계에서 수사를 하게 된다. 요즘
CCTV와 차량용 블랙박스가 있어 사고를 간단히 해결하는 편이지
만 예전에는 발로 현장을 뛰면서 사건 수사를 해야만 했다. 그래도
증거, 증인을 찾지 못하는 경우에는 사건 발생 부근에 큼직하니 '목

격자를 찾습니다'라고 적힌 현수막을 걸기도 한다.

필자가 수사부서에 근무한 것은 여기가 처음이었다. 수사를 처음 접한 필자는 모든 게 어렵고 생소하기만 하였다. 먼저 내 선임이 주고 간 사건들을 흩어보면서 어디서 손을 데야 할지 난감했다.

가장 쉬울 것 같은 사건부터 하나씩 줄여야겠다는 생각에 제일 먼저 차량 번호판이 선명하게 찍혀 있던 물적 피해만 입히고 도주한 교통사고 사건부터 시작해 보았다. 크게 써진 네 개의 번호와 차가 흰색 냉동탑차. 이정도면 거의 잡은 거나 다름없겠다고 생각한 나는 지구대에서도 해 보았던 차량 조회를 통해 수사를 시작했다. 근데 그 번호로는 흰색 화물차가 나오지도 않았고 또 번호를 약간 비슷한 번호로 바꾸어 조회해도 마찬가지로 나오지 않는 것이었다. 피해자에게 전화 해 보니 벌써 한 달이 넘었는데 범인을 잡지 못했다고 노발대발이다. 충분히 그럴 만도 하다. CCTV화면에 차량 종류와 번호가 선명하게 잡혀 있으니 금방 잡아 줄 거라고 기대했는데, 한 달이 넘도록 아무런 진척이 없으니 누구라도 화낼만 하겠다고 생각했다. 이 사건은 일단 보류시키고 다음 사건을 살펴보았다.

대학교 주차장에서 일어난 사고인데 피해자의 차량을 박고 아무런 조치 없이 그냥 가버린 사고인데, 다행스럽게도 피해자가 피의차량의 번호를 알아내어 피의자가 파악된 사고였다. 이 피의자에게 연락하여 조사 날짜를 잡았다. 이런 식으로 일을 진행하였는데 골치 아픈 사건이 한두 개가 아니었다.

그 중에서 선임에게 받은 사건 중에서 가장 어려웠던 사건이 자전거 사고였다. 경찰관인 나도 자전거가 교통사고 나면 자전거가 자동차로 변하여 도로교통법을 적용받는다는 것을 이곳에서 근무하면서 처음 알게 되었다. 자전거는 술을 마시고 운전을 하여도 된다. 근데 사고가 나면 자동차와 똑같이 처리하다니 정말 지금도 이상하고 아리송하다.

우리는 횡단보도에서 자전거를 타고 도로를 넘어가는 자전거를 쉽게 접한다. 그런데 만일 이렇게 자전거를 타고 횡단보도를 건너다 보행자와 사고가 나면 자전거가 아니라 차가 횡단보도를 달리다 보행자를 차로 박은 것이라 생각하면 된다. 선임에게 받은 사건 중에 이 자전거 사고가 있었다.

여대생이 운전하던 자전거가 칠십이 넘은 할아버지 보행자와 인도에서 충돌하여 할아버지가 넘어지면서 허리를 크게 다친 사고였다. 피해자 측은 가해자가 합의 하러 오지 않는다고 가해운전자를 강력하게 처벌해 달라고 요구하는 사항이고, 여대생 가족측은 자전거도로에서 할아버지와 아주 가볍게 부딪친 사고라며 억울하다고 주장하였는데, 처음에 뭐가 뭔지 하나도 몰라 그냥 한 달 가까이 사건목록에 푹 쳐 박아 두었다. 해결은 해야 하는데 답이 안 나와 꺼내 볼 때마다 한숨이 나오고 머리가 아팠다.

선임으로부터 이런 종류의 사건을 20개 받았는데, 점점 사건이 줄어들어갔다. 물론 팀장이 아직 내가 미숙하다고 사건 접수를 한 달간 배당하지 않아 사건을 줄일 수가 있었다. 그리고 나는 여기서 베테랑 형사를 운 좋게 만나게 되었다. 그분은 강력팀, 경제팀, 여

청수사과, 교통사고조사, 현재는 광주지방청 광역수사대 미제사건 전담팀에 근무하는 염봉원 형사다. 사고조사 업무를 이 분에게 배우게 되었는데 이 선배는 모든 수사를 세밀하고 꼼꼼하게 수사를 하였다. 사고 현장에는 직접 찾아가 눈으로 확인하였고 CCTV와 블랙박스는 무조건 수거하여 증거로 사용하였다.

솔직히 필자는 가벼운 접촉사고 등에는 현장에 가지 않고 인터넷 지도를 활용한 편이다. 인터넷 지도는 나에게 많은 시간과 노력을 절약하게 해주었다. 하지만 이런 내 수사기법을 염봉원 형사에게 들켜 여러 번 혼나기도 하였다.

선배는 교통사망사고가 나면 항상 차량의 속도를 파악하기 위해 줄자를 가지고 현장에 나갔다. 선배를 따라 약도를 그리면서 줄자로 거리를 잰 기억이 새롭다. 이런 공식을 기억하는가? 속도(v)=거리(s)/시간(t) 학창시절에 공부하지 않던 물리공식을 여기서 공부하였다. 이것뿐만이 아니다. 가끔 음주운전자가 사고를 내고 한참 시간이 지난 후에 음주측정 하는 경우가 있다. 그럼 이때 담당 조사관은 위드마크 공식으로 사고 당시의 혈중알콜농도를 밝혀야 한다.

위드마크 공식: c=A/(p*r)

c: 혈중알코올농도 / A: 섭취한 알코올의 양(음주량*술의 농도(%)*0.7894)

/ p: 당사자의 체중 (kg) / r: 성별에 따른 계수(남자: 0.7, 여자: 0.6)

수학공식 같은 것도 나오고 참 어렵다. 하지만 막상 해보면 별거 아니라는 것을 알게 되었다. 시작도 하기 전에 겁부터 먹지 마시기 바란다.

사고는 크지 않은데 사람들이 보험회사나 가해자에게 합의금을 받기 위해 병원에 입원하거나, 계속 치료 받는 모습을 보고 일에 대한 회의감을 느끼고 사고조사계에서 필자는 1년 후 나오게 되었다. 1년 동안 수많은 사고를 조사하면서 인상 깊은 사건 몇 가지를 소개하겠다.

하나는 우리 팀원이 맡은 사고로 대리기사를 불렀는데 대리기사가 급커브를 돌아 몸이 쏠리면서 다쳤다고 주장하며 사고 접수를 한 사건이다. 그 피해자라고 주장하던 사람은 20대 중반의 젊은 사람인데, 조사 받으러 출석할 때 환자복을 입고 나왔다. 담당 조사관은 결국 국과수에 이 사건을 의뢰하여 이 사고 아닌 사고로 피해자가 다칠 수 있는지 문의하기도 하였다. 결론은 교통사고로 인정하지 않고 내사종결 했던 것으로 기억난다.

또 하나는 신호대기 중이던 자전거를 타신 노인 분을 뒤에서 카니발 차량이 추돌하여 할아버지의 몸이 공중으로 날아올라 떨어지셨는데 할아버지가 사고처리도 원하지 않고 치료비도 원하지 않고 자전거 수리비만 받고 그냥 간 사건이다. 카니발에 설치된 블랙박스 영상을 보고 놀라지 않을 수가 없었다. 할아버지 몸이 공중에 붕 날아오라 크게 옆으로 떨어졌기 때문이다. 근데 할아버지는 괜찮다고 자전거 수리비만 받고 가버려 운전자가 혹시 자신을 뺑소니

범으로 신고할까 두려워 신고한 사건이다.

두 사건은 극명하게 갈린다. 젊은 사람일수록 자신의 이익을 추구하는 경향이 강했다. 오히려 나이 드신 분들이 좋은 생각으로 남을 배려하는 것을 교통사고조사계에 근무하면서 많이 경험했다. 갈수록 사회가 각박해지고 있는 시점에 누가 옳다고 할 수는 없지만 그래도 지금보다 미래를 생각한다면 후자가 옳을 것이다.

피해가 없어도 피해를 만들어 보험금을 노리는 사람들이 많아지면서 보험금도 덩달아 오르고 있기 때문이다. 이렇게 자동차보험금이 오르고 있으니 차를 가지고 있는 운전자가 전부 피해자가 된 것이다. 그리고 지금은 피해차량의 운전자일 수 있지만 내가 가해차량의 운전자가 안 되리라는 보장도 없다. 항상 조금 손해 본다는 기분으로 살아간다며 손해가 아니라 그게 이익으로 돌아온다는 사실을 잠시 생각해 보자. 그리고 필자가 교통사고조사계에 근무할 당시에 느낀 점이 한 가지 있다.

바로 과속하지 말아야겠다는 것이다. 끔찍한 교통사고를 보면 대부분의 차량들이 종이처럼 찢어지고 부서져 있다. 차 안에 타고 있던 사람의 몰골은 어떠했을지 눈으로 보지 않아도 참혹하다는 것은 쉽게 짐작이 간다. 튼튼한 차량이 종이처럼 찢어지고 두동간이 날 정도면 차량의 속도는 어떠했을까? 또 이런 속도에 안전벨트, 에어백이 효과가 있을지 의구심마저 든다.

경찰청은 매년 전국 경찰서 교통사고조사팀 대상으로 으뜸교통조사팀을 뽑는다. 여기서 전국 3위 안에 들어가면 해외연수를 다녀올 기회를 얻는다. 필자의 사고조사팀은 운 좋게 2013년 으뜸 교통조사팀에 선발되어 일주일간 터키로 해외연수를 다녀오게 되었다.

◀ 경찰교육원에서 경찰청 교통국장으로부터 받은 으뜸 교통조사팀 감사패.
▶ 터키 해외 연수 중 찍은 필자 모습이 당시 업무 스트레스로 인하여 살이 10kg 이상 쪄 있는 모습이다. 누가 말했나? 교통사고조사계를 고통조사계라고.

이스탄불에 있는 경찰청을 방문하여 함께 간 동료들과 찍은 사진. 맨 오른쪽에 있는 분이 우리나라로 말하면 경찰청 경비교통과장 정도 되시는 분이다.

여성청소년과

　형사과에 형사반, 강력반, 생활범죄수사팀이 있다면 여성청소년
과에는 여성청소년수사팀이 있다. 이들은 강간 등 성범죄, 청소년
들의 범죄, 그리고 가정폭력, 실종사건을 수사한다. 광주 북부경찰
서에는 4개 팀이 있으며, 팀당 5명의 인원이 배정되어 있다. 박근혜
대통령이 후보자였을 때 사회악 척결을 위해 공약으로 내세우면서
처음 4대악이란 단어가 나오게 되었는데, 이 4대악이란? 국민안전
을 위해 반드시 척결해야 할 4가지 범죄를 이르는 말로, 성폭력, 가
정폭력, 학교폭력, 불량식품을 말한다.

　4대악을 이곳 여성청소년과에서 담당하고 있으며, 이렇게 신설
된 만큼 부서에서 하는 일들이 점점 늘어가고 있는 추세다. 특히
가정폭력사건이 부쩍 늘어나고 있는데, 이들은 사건 수사뿐만 아
니라 까다로운 가정문제를 상담까지 해주고 관리까지 하고 있다.

　이 글은 2016년 3월 4일 무등일보에 실린 필자의 독자투고이다.

제목: 가정폭력 결코 남의 일이 아니다

중국의 대표적인 신화집 산해경(山海經)에 의하면 중국인들은 우리나라를 해 뜨는 동방의 예의지국 또는 군자국(君子國)으로 일컬으며 동경하는 나라로 꼽았다. 이러한 우리나라에서 연이은 충격적인 친자식 학대와 살인 등 패륜적인 범죄들이 발생하면서 마음 한편으로 부끄러움이 드는 것은 경찰관인 나 한 사람만은 아니 거라는 생각이 든다.

예전에 부부싸움을 하게 되면 부부일이기 때문에 경찰관들이 관여하지 못하고 돌아서는 경우가 많았다. 또한 자녀들의 심각한 체벌 역시 훈육이라는 이유로 개입하지 못한 것도 사실이다. 이러한 가정폭력 신고는 법보다 사회상규에 따라 판단되는 게 많았기 때문이다. 하지만 여기저기 피해자들이 속출하면서 결국 경찰관들이 적극 개입하게 되었다.

가정폭력의 피해자들은 가해자에게 폭행을 당하면서도 참고 살거나 신고해봐야 벌금형만 나와 형편만 어려워진다는 이유로 사건 처리를 원치 않는 게 대부분이다. 그러나 형사처벌만을 하는 것은 아니며 상담 등을 통하여 형사적인 처벌 대신 여러 가지 법적 도움을 얻을 수 있다. 그 중 대표적인 것이 법원으로부터 접근금지 등의 임시조치를 신청하는 피해자보호명령제도이다.

피해자보호명령제도의 주요 내용에는,

▶피해자 또는 가정구성원의 주거 또는 점유하는 방실로부터의 퇴거 격리

▶피해자 또는 가정구성원의 주거, 직장 등에서 100m 이내의 접근금지

▶친권자인 가정폭력행위자의 피해자에 대한 친권행사의 제한 등으로, 피해자보호명령제도 신청은 가족관계증명서, 주민등록등본, 진단서 등 소명자료를 가지고 가까운 법원을 방문하여 신청하면 된다.

그밖에도 각 경찰서에서는 가정폭력신고가 들어오면 전담경찰관이 가정폭력의 재발이 없는지, 다른 보호조치 등이 필요한지 등을 주기적으로 모니터링 하고 있으며, 또한 사건 처리는 원치 않고 가정유지를 원하는 가정에 대하여는 가족상담소와 연결하여 상담할 수 있도록 연계해주고 있다. 혼자 해결하기 어렵다며 부디 망설이지 말고 국번 없이 112 또는 1366(여성긴급상담전화)으로 연락하여 도움을 청하기 바란다.

이 투고에 나온 가정폭력 전담경찰관이 근무하는 부서가 여성청소년과에 있다.

가출인 신고도 이곳에서 하기 때문에 불량학생이나 가출학생 등이 자주 집을 나가게 되면 그 학생이 어디에 있는지 수사하지 않아

도 대충 파악이 된다. 필자도 자녀가 가출하였다는 신고를 접하고 지구대에서 프로파일링이라는 프로그램에 접속한 후 가출인 인적사항을 입력하려다 혹시나 하는 마음에 가출담당 부서인 여성청소년과 전화를 하여 가출인이 입력되어 있는지 물어보았다. 그랬더니 담당 경찰관이 이렇게 말하는 것이었다.

"그 학생 누구네 집에 있을 거예요. 제가 그 학생 친구에게 전화해서 집으로 들어가라고 할 테니 입력하지 마세요."

그래서 입력하지 않고 있으니 얼마 후 가출학생 부모에게서 신고를 취소하겠다는 연락을 받았다. 이부서가 하는 일들은 그 외에도 학교폭력을 예방하고 또 학교마다 전담경찰관을 두고 학생들을 지도하기도 한다.

전문 수사관
- 베테랑

앞서 소개한 수사부서에는 각 부서, 팀마다 한두 명씩 베테랑이라 할 수 있는 수사관들이 있다. 이런 베테랑 경찰관이 있어야 그 부서, 팀이 무난하게 잘 돌아가게 된다. 만일 그 부서, 팀에 어려운 사건이 배당되면 정말 담당뿐만 아니라 팀원 전체가 큰 부담을 떠안게 된다. 긴급체포, 구속영장이 청구된 범인을 검거하는 것은 날마다 하는 일이 아니다. 한 달에 한 번 정도 간혹 생기는 일이기에 이런 사건을 맡게 되면 범인을 어디서 검거해야 할 지 막막하고 또 검거하고도 수사서류를 어떻게 작성하여 검찰에 송치해야 하는지 답답하다.

현재 각종 수사 사건들은 킥스(kics)라 부르는 컴퓨터 프로그램에서 작성을 하여 출력한다. 이 킥스는 검찰청과 법원까지 연동이 되어 있어 정말 편리한 프로그램이다. 하지만 이 시스템 운영을 잘 알지 못 하는 직원들은 상당한 부담감을 느낀다.

왜냐면 자주 사용해보지 않은 컴퓨터 프로그램이라 혹시라도 잘못 사용하여 프로그램에서 사건 기록들이 없어지거나 엉뚱한 일을 하지 않을까 하는 두려움이 앞서기 때문이다. 자주 사용하게 되면 별거 아니지만 어쩌다 한 번 영장청구를 하려니 어떻게 결재를 올리고 빈 공간에는 무슨 수사용어로 채워야 하는지 알 수가 없다. 이럴 때 각 부서에 베테랑이라 불리는 형사, 수사관, 조사관이 해결사 노릇을 해준다. 이들은 해당 부서에 보통 5년 이상 많게는 10년 이상 근무한 전문가들로 관련수사의 방향, 문제점, 해결책을 제시해 준다.

필자는 광주북부경찰서 교통사고조사계에 2012년도에 근무하게 되었고, 이곳에서 베테랑이라 할 수 있는 염봉원 형사를 만나게 되었다. 그리고 그분의 옆 자리에 내 책상이 있어서 수시로 궁금한 사항을 물어 보고 큰 도움을 받았다.

당시 기억에 남는 사건 중에 음주운전자가 단독사고를 낸 후 교통사고조사계로 임의동행 왔는데 본인이 운전을 하지 않고 회사동료가 운전을 하였다고 강력하게 주장하였다. 이 운전자는 음주운전 전과만 3번 있었고, 또 특이하게 범인도피라는 전과까지 있는 분이였다. 본인이 너무 완강하게 주장하여 어떻게 해야 할지 몰라 염봉원 형사에게 자문을 구하였다. 그러자 운전했다고 주장하는 자와 운전하지 않았다고 주장하는 그들 두 사람에게 거짓말탐지기 조사를 실시해 보라고 하였다.

말은 쉬운데 한 번도 해보지 않은 필자에게는 무척 어려운 일이었다. 거짓말탐지기 조사를 하려면 어떤 서류가 필요하고 어디서 조사를 하는지 알아야 하기 때문이다. 정말 막막하였다. 그렇지만 이런 고민을 염봉원 형사가 알고는 차근차근 쉽게 설명하고 알려주어 나에 답답함을 해결해 주었다.

거짓말탐지기 조사실은 각 지방청에 있는 것을 그때 처음 알았다. 이 사건은 나에게 정말 많은 일들을 하게 만들었다.

당시 두 사람 모두 거짓 반응이 나와 이러한 사실을 토대로 수사보고를 작성하여 운전자에게는 음주운전 혐의로 그 운전자 회사동료는 범인도피죄 등으로 하여 검찰에 기소의견으로 송치하였다. 그런데 담당 검사가 증거가 부족하다는 이유로 수사재지휘를 하였다. 두 사람의 휴대폰의 위치 추적과 압수하여 내용을 확인하라는 수사지휘와 함께 말이다. 압수영장을 한 번도 청구해 본 적이 없는 나는 또 이번에는 압수영장 청구와 통신사실 의뢰서를 만드는 일로 스트레스를 팍팍 받았다.

정말 일할 맛이 나지 않았다. 퇴근을 하여도 이 사건 생각에 마음이 편하지 않았다. 그런 나를 염봉원 형사가 자세하게 수사서류를 만드는 것 수사방향 등을 설정해 주고 수사보고서 등 서류작성을 도와주었다. 그렇게 동료의 도움을 받으니 다시 일할 맛이 나기 시작했다. 이것이 부서마다 팀마다 베테랑이라 불리는 경찰관이 필요한 이유이다.

하지만 정작 염봉원 형사는 베테랑이라는 단어를 좋아하지 않는다. 필자가 왜 싫으냐고 묻자? 베테랑이라는 단어는 일을 많이 시키기 위하여 만든 단어라나!

이런 전문 수사관(베테랑)을 더욱 많이 육성하기 위하여 경찰청에서는 수사연수원에 수사경과자들에게 매년 해당 전문 교육을 2주 이상 받도록 하고 있으며, 일반경과자도 이 전문교육을 받을 수 있게 하고 있다. 그리고 해당 교육이 끝나면 관련 교육에 대한 시험을 보게 되는데 이를 통과하면 일반경과자도 수사경과자 자격을 주고 있다. 해당 교육에 관심이 있다면, 교육 신청자를 모집하기 전에 경무과 교육 담당에게 미리 신청하여 교육생으로 선발될 수 있도록 발 빠른 노력을 하자. 그리고 이런 수사 교육들을 받으면 실전만 강한 수사관이 아닌 이론도 무장된 강한 수사관이 된다.

교육을 통하여 경험하지 못한 다양한 사건들을 간접적으로 만나기 때문에 자신의 수사 능력을 배양시킬 수 있는 기회를 갖게 되는 것이다. 또 수사 교육이 아니더라도 다른 직무교육을 받을 기회가 생기면 무조건 신청하고 교육을 받을 것을 조언하고 싶다.

필자가 2016년 9월 초에 경찰교육원에 경찰핵심가치 교육을 받으러 갈 기회가 생겼다. 이 교육은 일선 경찰관들에게 휴식을 주기 위하여 만든 일종의 감성교육이다. 마침 그때 염봉원 형사도 경찰교육원 옆에 있는 수사연수원에서 수사 직무 교육을 받는 중이라 오랜만에 함께 술자리를 하게 되었다. 염봉원 형사는 과거에 함께 근무했던 형사팀 동료들도 교육 중이라며 함께 자리를 하자고 하여 내가 좋다고 말했다. 그리고 그들을 만난 첫 느낌은 '이들은 뼛속까지 형사들이구나!'였다.

필자가 예전에 같이 근무했던 선배님은 형사과에 근무하다 인상이 변하는 것을 느끼고 형사부서에서 나왔다고 했다. 매일 만나는 부류가 조직폭력배, 살인범, 강도, 강간범, 사기꾼들만 만나다 보니 저절로 인상을 쓰게 되었고 그러다 친구들 모임에 나갔더니 왜 그렇게 얼굴이 험상궂게 변했냐는 친구들의 말에 자신의 모습을 거울로 보았다고 한다. 정말로 인상이 안 좋게 변해 있었다는 것이다. 그래서 더 이상 외모가 더러워지기 싫어 곧바로 형사 부서를 나왔다고 했다.

경찰교육원 바로 아래 삼겹살집에서 이 인상 좋으신 형사들과 어울려 술자리를 하게 되었다. 같은 경찰관도 주눅이 드는데, 죄 지은 사람들은 얼마나 무서울까? 이런 생각을 하며 술을 마셨다. 그래도 남자들의 방어본능이 무너지는 술좌석인지라 술이 어느 정도 들어가니 점점 용기가 생겨 이것저것 궁금한 점들을 물어보았다. 수사부서에 그렇게 계속 있으면 힘들지 않느냐며 위로의 말을 건네고 왜 형사과에 갔는지를 물어보았다. 그러자 한 분이 이렇게 이야기 해 주었다.

"범인을 잡으러 광주에서 강원도 속초까지 쫓아갔는데 그곳에서 어깨 위로 떨어지는 눈을 맞을 때의 그 기분을 아마 자넨 모를 것이야. 그리고 형사의 깊은 맛을 알게 되면 다른 부서에는 가고 싶지도 않게 돼."

당시 술자리라 그 기분이 전이 되어 알듯 말듯 한 기분이 들었다. 바로 옆자리에 앉은 형사 분은 몸이 진짜 근육질로 되어 옷으로 몸을 감추고 있지만 가슴, 팔 근육이 금방이라도 터질 것처럼 보였다. 그 자리에서 형, 동생 하는 사이가 되었는데 이렇게 몸이 흉기 같은 형사도 영화처럼 격투 끝에 범인을 잡고 본인도 다치고 그러지 않을까? 조심스럽게 그 선배에게 '혹시 격투 끝에 범인을 검거한 것 중에서 기억에 남는 것 있으세요?'라고 물어보았다. 그러자 그 선배가 절도범을 잡으러 진주 모 PC방으로 가 그곳에 숨어있던 절도범을 검거한 경험을 이야기 해 주었다. 체포하는 과정에서 그 범인이 손을 자꾸 바지 아래로 넣었다 빼다 하면서 망설이는 모습을 보였는데 다들 그것을 신경 쓰지 않았다고 한다. 그 범인은 단순절도범이라 수갑도 채우지 않고 동행하여 건물 계단으로 내려가는데 갑자기 그 범인이 바지에서 회칼을 꺼내는 바람에 다들 엄청 당황하였다고 한다. 전혀 생각도 못하고 있어서 자칫 잘못하였으면 생각도 하기 싫은 일들이 벌어질 뻔했기 때문이다. 그 당시의 아찔한 이야기를 하면서 한 분이 웃으면서 이렇게 말하였다.

"너 왜 그렇게 그놈을 많이 팼어?"

그러자 그 근육 형사 왈,

"만일 그 자리에서 형님들과 제가 그놈에게 칼 맞고 죽었으면 어쩔 뻔했어요. 그 생각에 화가 나 그랬어요."

늘 있는 일이지만 그때는 전혀 예상치 못해 지금도 그 생각만 하면 식겁했다고 술자리에서 웃으며 털어놓았다.

실제로 2004년 8월 1일에 상해피의자 김학만을 검거하기 위하여 서울서부경찰서에 근무하던 형사 두 명이 서울 모 다방에 김학만이 있다는 정보를 입수하고 그곳으로 달려가 검거하려 하였으나, 김학만이 휘두르는 칼에 두 분 형사들이 숨지는 사건이 있었다. 이 두 분 형사들도 상해 피의자라 방심하다 무방비 상태에서 당했을 것으로 보인다.

형사들의 마초근성에 지지 않으려고 평소보다 많은 술을 마셨는데 결국 교육원으로 돌아오는 길에 비틀거리다 넘어져 바닥을 짚었던 손을 다치게 되었다. 필자는 주량이 세다고 생각하지 않지만 술 마시고 실수하지 않는다고 생각하는 사람이다. 근데 취해 넘어진 것은 태어나서 이때가 처음이 아닌가 싶다.

이들 형사들은 몸 안에 마초적인 야성이 남아 있지만 예전 방식으로 수사하지 않는다. 과거 수사 방식은 술자리에서 안주처럼 떠들 뿐 그들도 지금 시대에 살아남기 위해 안간힘을 쓰고 있다. 90년대에는 조직폭력배들이 가장 무서워했던 사람이 형사들이었다. 조폭들은 남을 괴롭히고 폭력을 휘둘렀지만 형사 앞에서는 반대 입장이 되기 때문에 가장 무서워했던 것이다. 하지만 이런 수사는 많은 불합리한 요소를 낳았고, 억울한 피의자들이 여기저기 발생하여 결국 형사소송법이 개정되면서 피의자의 인권 보호에 신경을 쓰게 되었다.

예를 들면 피고인신문에만 변호인 참여가 허락된 것이 피의자신문에도 변호인을 참여하게 하고 법정에서 경찰관이 작성한 피의자신문조서를 인정하지 않는다고 말하면 전혀 증거로 쓸 수 없도록 법 조항 등이 생긴 것이다. 이때 유능한 많은 형사 분들이 피의자

인권만 신경 쓰고 경찰 처우는 전혀 고려하지 않는다며 형사과를 많이 떠나게 되었다.

1999년 안성기, 박중훈 주연의 영화 '인정사정 볼 것 없다'라는 영화가 있다. 이 영화를 볼 때마다 정말 참 잘 만들었다고 생각한다. 필자가 3번 이상 영화를 본 것은 이 영화가 유일하다. 이 영화는 다시 봐도 항상 재미있다. 영화 속에서처럼 형사들이 지금 그렇게 수사를 한다면 모두 옷을 벗어야 한다. 당시 이명세 감독은 이 영화를 촬영하기 위하여 경찰서 형사과를 방문하여 그들과 숱한 밤을 함께 보냈다고 한다. 극 중에서 우영구(박중훈) 형사의 대사가 있다.

"판단은 판사가 하고, 변명은 변호사가 하고, 용서는 목사가 하는 거야, 형사? 형사는 무조건 잡는 거야!"

아마 현장에서 발로 뛰는 형사들이 하는 말을 그대로 담아 시나리오에 옮기지 않았을까 생각해 본다.

나는 언제가 작가가 되기보다는 장인이 되고 싶었다. 보들레르의 말에 의하면 장인이란 길을 걸을 때에도, 커피를 마실 때에도, 화장실에서 갈 때에도, 심지어 여자의 품속에 안겨 있을 때에도 오직 한 가지만을 생각하는 사람이다. 그런 의미에서 범인을 추격하는 형사는 장인들이다. 24시간 내내 보이지 않는 목표물을 쫓는 나와 닮

> 은 숙명을 가진 그들의 세계를 한국적 액션으로 그려보
> 고 싶었다.
>
> – 영화감독 이명세

피의자의 인권보호를 위해 형사소송법을 개정하고 지금도 계속 국민인권을 위해 노력하고 있다. 국민인권위원회에서는 경찰에 잘못된 인권침해가 사례가 없는 지 면밀히 감시하고 있으며, 경찰서 청문감사실에서도 인권위 못지않게 지도 감독하고 있다. 그리고 경찰청에서는 매년 경찰관들에게 인권교육을 의무적으로 실시하고 있으니 영화 '인정사정 볼 것 없다'라는 영화는 이제 고전 중의 고전 서부시대의 영화가 된 것이다. 하지만 필자는 오리지널 형사들의 향기를 맡고 싶을 때면 이 영화를 보면서 형사들의 터프함을 음미를 한다.

과거 형사들은 범인을 검거하기 위하여 그들의 집과 범인의 친척, 지인들 주소의 집을 찾기 위하여 항상 들렀던 곳이 있다. 바로 복덕방이다. 하지만 요즘 누가 복덕방을 찾아가겠는가? 스마트폰에 주소 번지를 입력하면 지도뿐만 아니라 길안내까지 척척 나오는데 말이다. 시대가 바뀌었다는 말이다. 과학수사가 대세이며 자신만의 전문성을 키우는 수사관이 되어야 한다.

여러분들이 경찰관이 되어 수사부서에 근무를 하게 되면 경찰

선배들이 닦아놓은 빅데이터(모든 범죄자들의 사건 기록과 수법들을 저장), 프로파일러(범죄분석), 사이버범죄 연구 등을 접하게 될 것이다.

이 모든 것이 전문수사관들이 현장에서 노력하고 분석한 결과물이다. 그리고 이제 여러분들이 노력하여 더 많은 자료들을 생산하고 저장하여 후배들을 위한 길을 열어야 할 것이다.

필자가 네이버지식인에서 경찰직업과 관련된 질문에 답변하고 채택된 내용이다.

경찰 준비에 대해서 질문합니다 100
비공개 | 질문 195건 질문채택률 93.8% | 2016.08.20. 15:07
답변 1 | 조회 32
👍 0

저는 올해 고2 여학생입니다 인문계고등학교를 다니고 이과생입니다 하지만 성적은 좋지않습니다ㅠㅠ 경찰되고싶어서(특히 과학수사대) 방학때 과학수사대 특강 들으러 대학교도 다녀왔구요 이리저리 많이 알아보고 있습니다

1.저는 경찰 중에서도 과학수사대 kcsi가 되고싶은데 나중에 경찰이 되서 다시 과학공부를 해서 kcsi가 될수 있나요?

2. 제가 지금 이과생이고 그래서 학교시험치랴 수능치랴 공부할게 많은데 사실 지금부터 경찰준비하고 싶어서 그런데 경찰공부와 수능준비를 같이 할수있을까요?욕심인건 알지만 수능은 꼭 잘보고싶어요ㅠ 기간이 좀더 길어져도 상관없습니다!

3. 경찰공부는 독학이 불가능한가요? 집안사정도 그렇고 학원은 조금 힘들꺼같아서요ㅠㅠ 독학이 가능하다면 어떤식으로 해야할까요?

4. 제가 체력도 정말 좋고 운동도 잘하는데 나중에 군대를 가서 군대 특채?로 경찰되는거 있던데 그건 뭔가요?

성실한 답변 부탁드립니다ㅠㅠ 정말 간절해요 이런 글 4개넘게 올렸는데 제대로 된 답변이 한개도 없어서 넘 속상했어요..

위 질문을 한 여학생은 아직 경찰관이 아니지만 마음은 이미 FBI급 수사관이다. 꼭 경찰관이 되어 꿈을 이루었으며 하는 바람이다. 이 질문에 답변하고 경찰특공대에 여자특공대 대원이 없는지 살펴보게 되었다. 처음에는 남성경찰관만 운영되어 왔으나 2000년 11월부터 여성경찰관도 선발하고 있다는 사실을 알게 되었다. 특공대 지망자는 수시로 사이버 경찰청의 모집공고를 관심 있게 살펴보아야 한다. 언제 특채 시험 발표가 날지 알 수 없기 때문이다.

경찰특공대 전술요원 특별채용은 육군정보사, 특전사, 특공여단, 군단특공연대, 7강습대대, 8특공대, 35특공대, 헌병특경대, 해군정보부대(UDU), 특수전여단(UDT), 해난구조대(SSU), 해병대, 공군탐색구조전대, 공군헌병대특수임무반, 33헌병대와 같은 특수부대요원으로 18개월 이상 근무 경력자를 대상으로 한다.

여자는 군대 특기가 제외된다. 여자 지원자들과 실기(체력), 필기, 적성, 면접을 겨룬다. 2015년도에는 여자 경찰특공대 전술요원을 2명 채용하였고, 2016년도에는 여자 경찰특공대 전술요원을 1명 채용하였다.

일반 경과자가 수사연수원에서 2주간 수사 직무교육을 받고 수료시험을 통과하게 되면 수사경과 자격을 주던 것이 2019년부터 바뀌었다. 수사부서가 요즘 대세이고 인기가 많아지면서 교육도 변화 된 것이다. 수사경과 시험이 상대평가이기에 시험 난이도와 성적이 점점 오르고 있다. 일반 경과자가 형사법 능력평가 시험에서 80점을 넘기고도 수사경과에서 떨어질 수 있다. 이렇게 80점을 넘기고 떨어진 사람에게만 2주간의 수사직무교육을 받을 기회를 주는 것으로 바뀐 것이다. 교육 수료 후 수사경과 자격을 부여하는 것은 같지만 일반 경과자가 갈 기회가 줄어든 것이다. 이 말은 형사가 되는 게 갈수록 어려워지고 있다는 뜻이다.

V. 경찰은 형사가 전부가 아니다

어느 조직이나 체계적이고 다양한 부서가 있으나, 경찰은 더욱 체계적이며 개인의 성향에 따라 보직 변경이 쉬운 조직이다. 경찰기관의 상급 부서인 경찰청, 지방청, 경찰대학교, 경찰교육원, 중앙경찰학교와 하급 부서라 할 수 있는 경찰서, 지구대, 파출소 등이 있다.

각 부서 소개

어느 조직이나 체계적이고 다양한 부서가 있으나, 경찰은 더욱 체계적이며 개인의 성향에 따라 보직 변경이 쉬운 조직이다. 경찰 기관의 상급 부서인 경찰청, 지방청, 경찰대학교, 경찰교육원, 중 앙경찰학교와 하급 부서라 할 수 있는 경찰서, 지구대, 파출소 등 이 있다. 그리고 이 상급, 하급 부서마다 세밀하게 업무가 분장되 어 있다.

우선 각 경찰서마다 약간의 부서 명칭의 차이가 있겠지만 해당 직무에 따라 경무, 청문감사관실, 생활안전, 여성청소년, 정보보 안, 경비교통, 형사, 수사과로 나누어진다. 또 여기에서 세밀하게 경 무과는 서무, 인사, 기획, 홍보, 교육, 상훈, 복지, 경리, 지출, 장비 등으로 나누어서 한 사람이 한 업무만 할 수도 있지만 인원이 부족 하다면 두세 개의 업무를 동시에 담당하기도 한다.

처음 경찰관에 입직을 하게 되면 1~2년간 지구대, 파출소에 근무를 하게 되는데 이때 업무별 특성을 잘 파악하여 정기인사에 본인 성향에게 맞는 보직을 선택하여 지원하면 되겠다. 만약 그대가 아침형 인간이라면 각과에 서무로 근무하는 것도 좋다. 각과에 서무들은 항상 남들보다 일찍 출근하여 그날 일일보고를 작성하는데 이것을 모두 취합하여 경무과 서무가 서장에게 보고하는 업무보고를 만든다. 보통 아침 6시 30분이 서무들이 출근하는 시간대이다. 아침잠이 많다면 도저히 일할 수 있는 곳이 아니다. 서무 일을 하고 나면 그 후부터 경찰업무가 한 눈에 들어오게 되며 어떤 방향으로 흘러가는지 짐작하기 쉽다. 그리고 항상 인사내신서에 자신의 내근 경력을 자랑스럽게 나타낼 수가 있다. 상급자들은 서무 경험이 있는 직원을 상당히 높이 평가하고 우대하는 편이다.

자신이 노력만 한다면 원하는 곳에서 얼마든지 근무를 할 수 있는 곳이 경찰조직이다. 집에서 가까운 곳으로 출퇴근하기 위하여 집 근처 지구대로 지원하여 근무할 수 있으며, 경찰관으로서 다른 경찰관을 지도 강의하는 교수요원으로 경찰교육원 등에서 근무도 할 수가 있다. 그럼 지구대에 근무하는 홍길동 순경이 본인이 원하는 형사과로 발령을 받고 싶다면 어떻게 해야 할까? 먼저 매년 시험을 치르는 수사경과 형사법 시험을 통과하여야 한다. 이 시험은 의무가 아니기 때문에 수사경과를 원하는 지원자들만 보는 시험이다. 이 시험을 통과하여 수사경과 자격을 부여받고 형사과의 지원자 모집이 있을 시 인사내신서와 함께 지원서를 제출한다. 그럼 부서장인 형사과장이 지원자의 인사내신서, 지원서를 살펴보는 서류심사를 하고 기관장인 경찰서장에게 홍길동 순경을 형사과로 발령 시켜달라고 추천을 하면 인사권자인 경찰서장이 결정하여 발령이 나게 된다. 이것이 인사의 일반적인 패턴이다. 그런데 형사과 모집 인원이 1명인데 지원자가 2명 이상 지원을 하게 되면 형사과장은 서류심사만 하지 않고 형사계장 이나 형사팀장 등 주변 동료들에게 지원자들의 인성이나 능력, 발전 가능성 등을 물어보고 이를 고려 하여 경찰서장에게 추천하게 된다. 대체적으로 힘든 업무를 한 경 력과 인성을 우선시한다. 힘든 업무를 하지 않았다면 지구대, 파출 소에서 근무 시 주변 사람들로부터 좋은 평판을 듣도록 노력하자. 이런 좋은 평을 듣는 다면 지원하지 않았는데도 상급 부서에서 연 락 오는 경우가 종종 발생한다.

앞부분에서 필자는 신임순경 당시 인사를 잘 하였다고 말했다. 피의자 신분으로 조사받으러 온 피의자에게도 경찰관인 줄 알고 90도로 인사를 하여 피의자가 황당한 표정으로 필자를 바라본 기 억도 생각난다. 이렇게 인사를 잘해서 그런지 경찰서 보안과에서 서무자리가 나왔는데 일할 생각이 없느냐는 전화를 받은 적이 있 다. 신임 순경에게 그 자리는 파격적인 자리였다. 하지만 거기가 어 떤 곳인 줄 몰랐던 신임 때라 덜컥 겁이나 그곳에 가지 않았다. 정 말 그때 거기 가지 않은 것을 지금까지도 후회한다.

여러분도 그런 실수를 저지르지 않도록 경찰서에 있는 부서들을 간략하게 소개하겠다. 해당 부서들의 특성을 잘 파악하여 본인의 성향에 맞는 곳에 근무를 하여 자기계발과 경찰 조직의 발전에도 이바지하기 바란다. 앞장에서 소개한 수사부서 형사과, 수사과, 여성청소년과, 교통조사계라는 이 파트에서 넘어가겠다.

경무과

경무에는 서무, 인사, 기획성과, 홍보, 교육, 상훈, 장비, 후생복지, 경리 업무로 나누어진다. 세밀하게 더 나눈다면 여기에 초과, 채송, 우편, 여비, 관서경비, 시설관리 등이 있다. 경무과 담당 인원이 적으면 한 사람이 인사, 상훈, 기획성과 등 업무를 보는가 하면, 한 명이 상훈, 홍보, 교육, 복지 이렇게 네 가지 업무를 동시에 담당하기도 한다. 하지만 1급서에서는 전문성 있게 한두 개 업무만을 보편적으로 담당하고 있다.

●**경무과 서무**는 아침에 경찰서장에게 보고 할 일일보고를 만드는 게 가장 큰 주요 업무다. 경찰서 내에 있는 각과 서무들이 전날 자신의 부서에서 일어난 일들과 오늘 할 일을 보고하면 이를 취합하여 보고서를 작성한다. 경찰서장은 임기가 1년이다. 그래서 매년 다른 서장들과 근무를 하게 되는데 어떤 서장은 보고서가 마음에

들지 않으면 담당 직원을 직접 호출하여 구박을 한다고 한다. 보통 경무과장, 경무계장이 그런 잔소리를 듣는 편이지만 업무를 꼼꼼하게 챙기는 서장이 한 번씩 경찰서에 근무하는 경우에는 각과 서무들의 입에서 곡(哭)소리가 난다.

●**기획성과 담당**은 보고서를 잘 만들어야 한다. 내가 아는 기획 담당은 퇴근 한 후에 다시 출근한 적이 많았다고 한다. 상급자에게 보고서 결재 맡을 것을 생각하니 불안해서 도저히 집에서 쉴 수가 없어 다시 출근했다고 한다. 상급자가 결재를 한 번에 시원하게 해주면 좋겠지만 퇴짜 맞는 일이 자주 있다 보니 걱정되어 출근하여 보고서를 만들었다고 한다. 이 담당은 보고서 하나 가지고 9번 퇴짜를 맞은 적도 있다고 한다. 얼마나 일 하기가 싫었을까? 하지만 말 그대로 기획을 담당하는 일이니 상급자들도 꼼꼼하게 업무를 챙길 수밖에 없다.

●**홍보 담당**은 경찰서에 일어난 중요 사건들을 모든 알아야 한다. 또한 아침에 관할 경찰서와 관련된 언론 보도들은 모두 스크랩하여 경찰서장에게 보고를 한다. 홍보 담당은 나이가 어린 사람이 맡는 경우가 많은데 그 이유는 경찰서에 출입하는 기자들의 연령이 보편적으로 많지가 않다. 그래서 이들이 부담 없이 상대하도록 나이가 많지 않은 직원을 홍보 담당을 두는 경우가 많다. 관내 중요 사건이 발생하면 기자들은 밤 12시에도 홍보 담당에게 전화를

하여 사건을 묻는 경우가 있다. 이때 전화를 받지 않으면 안 된다. 그게 홍보 담당의 일이기 때문이다. 관내 중요한 사건이 발생하여 그 사건에 대하여 기자들이 물어보는데 대답을 못해도 큰일 난다. 홍보 업무가 쉬운 것 같아 보이지만 그렇지가 않다.

●**교육 담당**은 전 경찰서 직원을 상대로 매달 실시하는 직장교육, 무도교육을 챙기고, 상반기와 하반기에 특별사격을 실시하여 점수를 관리한다. 그리고 사격점수 저조자들을 사격 교육 받도록 한다. 그리고 지방청과 경찰교육원에서 해당 직무교육, 감성교육 등의 교육일정과 교육생 수가 배정되면 이에 맡게 교육을 받을 지원자들을 선별한다. 갈수록 일이 힘들다는 것을 1년마다 교육담당이 바뀌는 것을 보고 느낀다.

처음에 일이 힘들어도 어느 정도 적응이 되면 각 부서 특히 내근부서 동료들은 진급하지 않는 이상 한 자리에 5년이고 10년이고 같은 곳에서 근무를 한다. 그런데 지금 필자가 근무하는 광주북부경찰서 경무과 교육담당은 매년 바뀌고 있다. 그만큼 업무량이 많고 업무 강도가 세졌다는 뜻이다.

필자는 쉬는 날 직장교육, 무도, 사격 등이 있으면 정말 별거 아니지만 왠지 하루를 손해 보는 느낌이 들어 교육을 참석하지 않으려고 갖은 꼼수를 부렸다. 이를 테면 대리출석을 부탁한다든지, 아니면 해당 교육이 끝날 무렵에 교육장에 들어가 출석부에 사인하고 나오는 그런 수를 썼다. 하지만 2016년 하반기부터 경찰서 내에서 실시하는 교육에 지문인식기를 도입하여 교육 시작 전에 지문을 찍고 나올 때 찍고 있다. 대리출석이 사라지고 또 늦게 가면 지문도 못 찍게 된 것이다. 교육 점수는 근무평점에 큰 자리를 차지하고 있다. 심사, 시험 승진에 영향을 미치니 직장교육을 포기할 수가 없다. 누가 말했는가? 승진을 포기하면 이보다 편한 직업이 없다고…….

●**장비 담당**은 경찰서 내에 머슴 같은 존재이다. 근무복, 경찰장구들이 들어오면 창고에 정리하여 물품 신청한 경찰관들에게 배포하는데, 수백 명이 넘는 인원들의 보급품들을 나르고 챙기는 것을 보면 머슴 같다는 생각이 든다.

●**인사 담당**은 나름 힘이 있는 자리이다. 심사대상자, 특진 등 관련 서류를 챙기기도 하고 관리하기에 어깨에 힘이 들어간다. 하지만 그만큼 일도 많다. 학위를 받았다든지, 표창 등을 받거나 하면 인사담당에게 알려야 한다. 상훈이나, 경찰관 인사경력을 e사랑이라는 경찰내부망에 수시로 정리해야 하기 때문이다. 그리고 당해 계급에서 경찰업무와 관련된 자격증을 취득하게 되면 심사승진에 영향을 주기에 인사담당에게 꼭 알려야 한다.

●**경리 담당**은 돈을 주로 다루는 업무를 한다. 예전에는 경찰서 경리 담당이 경찰서 내 모든 직원들의 월급 명세서를 작성하였는

데, 현재는 지방청에서 일괄적으로 하고 있다. 경찰서 예산이 확보되면 이를 근거로 경찰서 내 물품 구입과 출장비 등을 지출하고 있다.

경무과에서는 많은 경찰관련 행사들을 기획하기도 한다. 대표적인 것이 경찰의 날 행사, 파출소 개소식, 경찰서장 취임식, 경찰관 퇴직 등이 있겠다. 그럼 경무과에 소속된 모든 직원들이 모두 협심하여 행사를 위해 자신들의 업무를 뒤로 하고 행사준비에 몰두한다. 여기 부서는 사람의 몸으로 비유하자면 머리와 같은 곳이다.

청문감사관실

청문감사관실에는 청문, 감찰, 인권보호, 민원봉사실 업무로 나누어진다.

●**청문 업무**는 외부적으로 공무원의 권력 남용에 대한 국민의 불평을 듣고 국민의 권리보호를 위해 일하는 곳이다. 특히 고소·고발 사건, 교통사고 등 경찰 업무에 대한 시민의 불만사항 등을 상담하고 이를 해결하는 업무를 한다. 또한 내부적으로 조직 내에 여경에 대한 성추행이나 상급자의 갑질 등에 대한 비위 신고가 들어오면 신고자의 신분을 비공개하고 조사하는 업무를 한다.

●**감찰 업무**는 경찰관의 의무위반행위를 예방하고 조사하여 징계하는 게 주 업무이다.

영화 속에서 악덕 감찰 경찰관들이 등장하여 형사 역을 맡은 주인공에게 외압을 가하는 모습을 종종 본다. 이런 장면을 보아서인지 아니면 감찰 업무특성 때문인지 경찰관들도 감찰 경찰관의 이미지를 좋게 보지 않는 것이 사실이다. 하지만 예전과 다르게 조직문화가 빠르게 변하고 있다. 적발 위주의 감찰이 아니라 계도 위주의 감찰로 바뀌었기 때문이다. 아주 심한 의무위반행위를 하지 않는 이상 같은 경찰서에 근무를 하여도 감찰관을 마주하는 일은 거의 없다고 보면 되겠다.

영화 '베테랑'에서 재벌의 사주를 받은 감찰관들이 서도철 형사에게 압력을 가하여 수사를 더 이상 할 수 없도록 외압을 가하는 장면이 나오는 데 이것이 현재 한국 영화 속에 등장하는 감찰 경찰관들의 롤 모델이다. 그런데 최근에 필자도 감찰 조사를 받았고 그후 감찰에 대한 이미지가 많이 바뀌게 되었다.

비가 오는 추운 새벽이었다. 바람도 불어 날씨가 많이 쌀쌀하게 느끼고 있었는데 모자를 쓰고 손에 우산을 들고 비를 맞으며 걸어가는 남자를 보게 되었다. 경찰직감에 딱 봐도 도둑인가? 의심이 드는 30대 초반의 남자였다. 솔직히 필자는 형사들의 촉 같은 게 없다. 그냥 새벽 시간대에 비를 맞으며 걸어가니 눈이 저절로 가게 되었다. 그 남자는 필자가 타고 있는 순찰차 앞까지 오더니 다시 왔던 길로 돌아서 갔다. 그리고 다시 순찰차가 보이는 주택가 골목에 몸을 숨기더니 휴대폰을 꺼내 경찰차를 촬영하였다. 만약 내가 차 안에서 자고 있었다면 문제가 될 수 있었지만 차에서 내려 빤히 쳐다보고 있는 나를 휴대폰으로 촬영을 하니 가만있을 수가 없었다. 그 남성에게 다가가 비를 맞으면서 무엇 하는지 물어보았다. 그러자 몸을 떨면 자신의 휴대폰으로 내 얼굴을 비추며 동영상 촬영을 계속 하는 것이었다. 그분의 휴대폰에서 나오는 플래시 불빛이 내 얼굴을 비추고 있는데도 휴대폰을 돌릴 생각을 하지 않았다.

"뭐하시는 거예요?"

라고 재차 물어보아도 대답을 하지 않아 이 사람 정상이 아니구나! 라는 생각을 하였고 이런 사람과 부딪쳐 봐야 나만 손해다. 이런 생각에 서둘러 자리를 피하고자 순찰차로 돌아왔다. 이때 지나가던 다른 순찰차가 이 모습을 봤는지 차를 세우고 나에게 이 사실을 알려주기 위해 다가왔다. 잘 아는 선배가 순찰차에 내려 내게 다가와 말하였다.

"저기 누가 널 촬영하고 있는데, 너 혹시 차에서 잠잤냐?"

"형, 그냥 무시하고 가세요. 저도 저러고 있어서 왜 그러냐고 물어봤는데 대답도 안 해요."

이렇게 대화를 나누고 있는데 이 남자분이 우리에게 다가와 말을 하는 것이었다.

"저기요, 조금 전에 저 불심검문하셨죠?"

처음으로 입을 연 그 남자의 입에서 불심검문이라는 단어가 튀어나왔다. 그리고 그 남성이 나에게 항의조로 말을 하였다.

"불심검문 하면서 관등성명 댔나요?"

어이가 없어 그냥 대충 둘러대었다. 불심검문이 아니기 때문에 관등성명을 되지 않았고 비를 맞으면서 휴대폰으로 촬영한 것 때문에 말을 걸어 본 것뿐이라고 짜증나게 설명을 하였다. 하지만 그 남자는 자기의 말만 하면서 관등성명과 경찰관직무집행법에 대해서 아는지를 물어보았다.

"경찰관직무집행법 몰라요."

이렇게 소리치고 나는 더 이상 그 남성과 대화하기 싫어 순찰차를 타고 다른 곳으로 가버렸다. 그리고 일은 그 다음에 일어났다. 그 남성이 경찰서 정문에서 경찰의 부당한 공권력에 당했다는 내용이 적힌 피켓을 들고 새벽 시간대에 2~3시간씩 서있는 것이었다. 그것도 하루가 아닌 3일 동안 말이다. 이것 때문에 필자가 감찰 조사를 받게 된 것이다.

그때 나는 감찰의 모습에 정말 존경심이 우러나오게 되었다. 어떻게 자기주장만 하는 사람과 끊임없이 대화를 나눌 수 있는지가 놀라웠다. 감찰관은 내가 잘못이 없는지 알고 있지만 시민들과 우리 경찰조직을 위해 원만히 해결하려고 노력하였다. 다시 한 번 그때 필자로 인하여 고생하신 광주북부경찰서 이○○ 감찰관님께 감사하다는 말을 전하고 싶다.

●**인권보호 업무**는 피해자뿐만 아니라 피의자에게도 수사 받는 과정에서 인권침해를 당하지 않았는지 조사하고 보호한다. 유치장뿐 만 아니라 경찰서 내 사무실 곳곳에 민원제기를 할 수 있는 사서함이 있다. 고객민원함이라고 적혀 있는데 이것 때문에 필자는 우리 경찰서과 꼭 은행, 대기업 서비스 창구처럼 보인다.

●**민원봉사실 업무**는 고소·고발·사이버 민원 등 경찰에 대한 모든 민원을 상담 접수하고 처리한다. 그리고 이곳에서 헤어진 가족 찾아 주기 업무도 수행한다. 가족이라는 신분이 확인되면 오래전에 헤어진 가족을 찾아 주니 사설흥신소를 찾아가는 실수를 범하지 말자.

이 글은 필자가 2015년 11월 5일 한국경제 신문 인터넷에서 실린 기고문이다.

제목: 정부와 국민이 인정하는 '국민탐정' 대한민국 경찰

OECD(경제협력개발기구) 34개 가입국 중 유일하게 우리나라에만 탐정이라는 직업이 없다. 사립탐정을 인터넷사전으로 찾아보면 의뢰자의 요청에 따라 사건, 사고, 정보 등을 조사하는 민간 조사원이다.

정부에 검사가 있는 반면, 민간에는 변호사가 있다. 정부에 경찰이나 수사관이 있는 반면, 민간에는 탐정이 있다. 한국에서 변호사는 취득하기가 매우 힘든 국가자격증을 필요로 한다. 탐정은 국가자격증이 없으며, 탐정이란 명칭도 사용할 수 없다.

(신용정보보호법 40조5호, 50조2항7호)

사립탐정 등 민간인은 형사소송법상 법원의 영장에 의한 강제

수사권이 없기 때문에 오직 법원의 영장이 불필요한 임의수사만 할 수 있다. 보통 검찰, 경찰, 청와대, 법무부, 감사원 기타 행정기관들을 내사를 자주 한다. 내사는 보통 법원의 영장을 받지 않는 임의수사만을 한다. 사립탐정은 이러한 내사만 할 수 있다.

우리나라에서 아직 탐정이라는 직업이 없지만 만약 신설되면 그들은 무슨 일을 하게 될까? 구체적으로 나열해 보면 미아 등 실종자 찾기, 보험사기 조사, 수사기관의 수사에 대한 증거 확보 및 유리한 증거 제출, 증인 및 목격자 찾기, 각종 미제 사건 및 사기 사건 조사, 필적감정, 인장감정, 영상, 음성분석 등 의뢰인의 요구에 따라 다양한 일들을 할 것으로 보인다. 특히 경찰관들이 개입하지 않는 민사소송에서는 증거 능력의 제한이 없기 때문에 이들이 수집한 증거는 재판에 활용될 여지가 매우 크다.

우리나라는 1996년 12월에 OECD에 가입했다. 그동안 탐정이라는 직업이 필요할 법도 한데 아직까지 없는 이유는 무엇일까? 그 이유는 현재까지 탐정이 하고 있는 일들을 대한민국 경찰관들이 하고 있기 때문이다.

하지만 점점 국민의 생활수준이 OECD 상위 국가들 수준에 이르면서 국민 일부는 경찰 서비스에 만족하지 못하고 있다. 그래서 때로는 사설흥신소 같은 곳에 의존했다가 자칫 범죄의 경계를 넘나들기도 한다. 결국 이런 불만이 누적되어 국민들의 공권력 무시 경향으로 나타나고 있다.

정부는 이제 결단을 내려야 한다. 탐정이라는 직업을 허가하여 새로운 일자리를 창출하든지 아니면 국민들의 가려운 곳을 충분하게 긁어줄 국민 탐정 경찰관들의 인원을 보강할 지 양단의 선택을 해야 한다.

헤어진 가족 찾기라는 말이 나와 갑자기 탐정이야기를 꺼내게 되었다. 우리나라 경찰관들이 하는 일들은 너무나 많다. 경찰 본연의 일이 아닌 곳에까지 손을 대고 있으며 일은 줄어들지 않고 늘어만 가는 실정이다. 하지만 이런 민간조사업이 정식으로 허가가 난다면 경찰의 업무 부담이 줄어들 것으로 보인다.

경찰관이 되겠다고 준비하는 우수한 인재들 중 일부는 신체조건 미달, 나이 등의 이유로 탈락을 한다. 재직 당시 수사업무에 수십 년간 종사하여 베테랑 형사로 불렸다 퇴직하여 시간만 보내는 전직 경찰관들도 많다. 또한 특수부대 출신의 군인 중에 전역하여 새로운 일자리를 찾지만 마땅한 곳이 없어 허송세월을 보내는 이들도 있다. 만약 탐정이라는 직업이 생긴다면 이들은 쉽게 관련 자격증을 따고 민간조사업자로 큰 활약을 할 것이다.

생활안전과

생활안전과는 생활안전 업무와 생활질서 업무로 나누어진다.

●**생활안전** 대표적인 업무가 지구대와 파출소 등 지역경찰 업무에 대한 계획을 수립하고 지도 감독하는 것이다. 또 지역경찰관들의 인사를 담당하고 있다. 지구대, 파출소마다 인원수가 틀리고 업무량도 다르다. 어떤 곳은 너무나 바빠 곡(哭)소리가 나는 곳이 있는가 하면, 어떤 곳은 너무나 한가하여 어서 출근하고 싶은 곳도 있다. 이렇게 극명하게 갈리는 지구대, 파출소로 인하여 편안한 곳에서 근무하기를 선호하는 경찰관들이 많이 있다. 이런 문제를 해결하기 위하여 생활안전에서는 지역경찰 인사를 철저하게 관리한다. 보통 2년까지 한 곳에서 근무하다 다른 지구대, 파출소로 발령 가는 게 원칙적이다. 그리고 한가한 곳에서 근무하였으면, 다음 인사이동에서 조금 바쁜 곳으로 보내고, 바쁜 곳에서 근무하였다

면 그 다음 인사에 한가한 곳이나, 본인 원하는 지구대, 파출소로 가는 게 일반적이다.

●지구대

지구대는 4부제 근무를 한다. 4부제라는 말은 4개 팀이 4조 2교대 근무를 말하는 것으로 1개의 팀이 주간, 야간, 비번, 휴무 패턴으로 돌아간다. 치안 수요가 많은 곳에 파출소가 아닌 지구대가 있으며 주요 업무는 신고 사건 처리 및 우범자 관리, 방범순찰 등 다양한 업무를 수행한다. 순찰요원은 수사, 교통 업무에서 초동수사와 간단한 조치만 하기 때문에 전문성은 다소 떨어진다. 하지만 다양한 사건들을 수시로 접하기에 현장에서 뛰는 경찰관들은 박학다식하다. 이 박학다식함에는 혼자만의 지혜와 지식을 말하는 것이 아니라 순찰팀원 전체의 지식이 축적되어 있는 것을 말한다. 가령 불법게임장 영업 신고가 들어와 단속을 하게 되면 법적용에서부터 수사보고, 참고인 조사까지 이 모든 것을 수사부서의 수사관처럼 혼자 처리 하는 게 아니라 팀 전체가 협심하여 처리하기 때문이다.

지구대에는 지구대장, 관리반원, 각 팀장, 순찰팀원으로 구성되어 있다. 경찰청에서는 전국 각 지구대, 파출소에 베스트 순찰팀을 매년 선발한다. 그 베스트 순찰팀에 들어가면 특진과 특별승급 등 다양한 영예를 얻을 수가 있다. 만일 베스트 순찰팀에 도전하고 싶다면 가장 바쁘고 치안수요가 많은 지구대, 파출소에 지원하기 바란다.

●파출소

파출소는 3부제 근무를 한다. 3개의 팀이 3조 2교대를 하며 근무 패턴은 주간 3일 연속으로 하고 그 다음 야간 비번씩으로 야간을 3번한다. 주간, 주간, 주간, 야간, 비번, 야간, 비번, 야간, 비번, 이 패턴으로 돌아간다. 주 40시간 근무를 맞추기 위하여 주간 2회 야간 2회 휴무를 주고 있으며 이때 휴무를 자유롭게 선택하여 쉴 수 있지만 쉬지 않아도 된다. 쉬지 않게 되면 그만큼 수당을 많이 받아 월급이 두둑해진다. 하는 업무는 지구대랑 똑같다. 파출소도 파출소장을 정점으로 관리반원, 각 팀장, 순찰팀원으로 구성되어 있다.

●생활질서는 풍속영업을 단속 하고 경범죄 등 기초질서 지도, 즉결심판의 회부 벌과금 징수와 유실물 업무를 담당하고 있다. 총포와 화약류의 지도 단속, 허가도 이곳에서 이루어진다. 풍속영업 단속의 대표적인 것이 불법사행성게임장의 단속이다.

예전에 한참 바다이야기가 사회적 물의를 일으킨 적이 있었다. 참여 정부 당시에 바다이야기는 합법적이었다. 하지만 곳곳에서 사회적 물의를 일으키고 전국이 거대한 도박장으로 변해가자 고 노무현 대통령이 바다이야기로 인하여 골머리를 앓게 되었다고 한다. 그 허가 부서인 문화체육부에 이곳을 단속하라고 지시를 내렸으나, 문화체육부에서 도저히 뒷감당이 안 되어 못하겠다고 하자 당시 이택수 경찰청장을 청와대로 불러 바다이야기 단속 지시를 내렸다고 한다. 이때 허가 부서 따로 단속하는 부서가 따로 나누어지는 기이한 현상이 생겨버렸다. 이 바다이야기로 인하여 조폭들도 크게 변하게 되었다. 그 전까지는 다이너스티 차량을 타고 목에 힘 주고 다니던 조폭들이 벤츠를 타면서 합법적인 회사를 운영하는 사업가로 바뀌게 된 것이다. 그만큼 불법도박 자금 규모가 어마어마하다는 것이다.

2005년도에 필자의 앞 기수 선배가 신임 순경당시 보령경찰서 생활질서계로 발령을 받아 풍속담당 업무를 보게 되었는데 퇴근 하면 핸드폰을 꼭 꺼버린다고 했다. 왜 그러냐고 물어보자? 어떻게 알고 게임장과 관련 있는 사람들이 전화를 하여 식사 한번 하자고 연락이 온다는 것이다. 그것도 거절할 수 없는 사람들이 전화를 해온다고 그랬다. 그래서 사적으로 만나지 않기 위하여 핸드폰을 끄고 번호도 바꿨다는 말을 하였다. 그리고 자신이 단속하기 위하여 게임기 정보와 게임기의 승패 확률 등을 알고자 게임장에 이를 알리고 게임을 하면 항상 돈을 딴다고 하였다. 그 선배 말이 카운터에서 기계를 조작하는 것 같다는 것이다. 자신이 어디를 앉던지 항상 돈을 잃지 않는 것을 보면 분명 기계를 조작하는 것 같다는 것이다.

필자가 광주서부경찰서 상무지구대에 근무할 당시 함께 근무했던 형사가 있는데 그는 이 사행성게임단속 실적으로 경장에서 경사로 특진하였으나, 또 이 일로 구속되기도 하였다. 구속이유는 단속한 게임장의 게임기 수를 줄여서 단속하였다는 것을 검찰이 문제 삼아 구속된 것이다. 단속하는 인원은 2명 또는 3명이 전부인데 그 많은 손님들과 업주를 상대로 게임기들을 모두 압수하고 진술을 확보하는 게 보통 힘든 게 아니라서 거의 관련자들의 자백에 맞추어 입건을 하였는데 그게 문제가 되어 구속이 된 것이다. 하지만 법원에서 정상참작이 되어 풀려났고 지금은 광주남부경찰서 형사과에 잘 근무하고 계신다. 한참 이 선배가 게임장을 단속하고 다닐 때에는 타고 다니던 아반떼 승용차를 누군가가 항상 미행하였다고 한다. 혹시 게임장을 단속하려고 뜨는 게 아닌가 하고 미행이 붙는 것이다. 거짓말 같지만 사실이다.

또 한 가지 우스갯소리지만 경찰서 경무과 직원들이 점심을 먹기 위하여 경찰 승합차를 타고 식당 앞에서 내리자 근처 게임장에 있던 감시원들이 게임장을 단속 나온 줄 착각하고 핸드폰으로 어딘가에 연락을 취하더니 이들이 식사를 마치고 경찰서로 복귀하는 동안에 2명이 줄곧 감시하였다는 말을 경무과 동료에게 들은 적도 있다.

생활질서계 업무는 이처럼 풍속업소를 단속하기에 탈도 많이 나는 곳이다. 그리고 수사부서가 아니기 때문에 단속만 하고 수사는 죄명에 따라 지능범죄수사팀과 경제팀에서 따로 사건을 배당받아 조사한다.

112종합상황실

112신고 전화를 받고 해당 관할 지구대와 파출소 순찰차를 출동시키는 곳이라고 보면 되겠다. 이곳 근무자들은 지구대, 파출소처럼 24시간 교대근무를 하며, 긴급한 신고를 분석하여 효율적인 초동조치가 이루어질 수 있도록 지구대와 파출소뿐만 아니라 형사, 교통경찰, 112타격대 등에 출동을 지시한다. 또한 신고내용에 따라 관련기관 119, 구청 당직반 등 유관기관에도 동시에 연락을 취하여 효과적인 대응을 유도한다. 만약 여러분이 음주운전자가 운전한 차량에 교통사고가 나서 다쳐 119에 신고를 하였다면 음주운전자이기 때문에 경찰에 알리기 위해 또다시 112에 신고할 필요가 없다. 119상황실에서도 112상황실과 마찬가지로 연락을 취해주기 때문이다.

보통의 경우 신고자에게 위치 확인을 위해 경찰관이나 소방대원들이 연락을 취하는 경우가 많다. 신고를 한 후에는 가급적 다른 곳에 전화를 하지 말고 경찰관이나 소방관에 연락을 기다려야 한다. 그리고 신고하기 곤란한 처지에 있을 때, 예를 들어 바로 앞에 흉악범, 또는 사건 당사자가 있어서 말로 신고하기 곤란한 경우에는 문자로도 신고가 가능하다. 전화번호 입력란에 112, 119만 누르고 신고내용을 문자로 전송하면 된다. 이 경우를 악용한 예가 초등학생들이다. 수업시간에 선생님이 욕설을 하거나, 체벌을 한 경우에 문자로 신고를 자주 한다고 한다. 이 경우에도 경찰관이 출동을 한다. 긴급하지 않지만 신고가 들어온 이상 학교를 찾아간다. 그리고 선생님에게 이런 신고가 있었으니 주의해 달라고 말을 하고 돌아서는데 정말이지 씁쓸하다. 정말 긴급한 신고가 동시에 발생하지 않기를 바랄 뿐이다.

이곳에 근무하면 술에 취해서 신고 전화를 하는 취객들에게 시달려야 한다. 그들은 아무런 이유 없이 시비를 잘 걸기 때문에 그 대응을 잘해야 한다. 조금만 자신의 말을 들어주지 않으면 험담을 하고 청문감사실에 항의성 민원을 넣기 때문에 이곳에 근무하려면 성격이 급하지 않고 차분하면 좋겠다.

'황당 112신고' 백태

연합뉴스
11월1일 경찰청은 '112 범죄신고의 날'인 2일을 앞두고 서울·경북지방경찰청이 꼽은 '황당 112 신고'를 공개했다.

연합뉴스
11월1일 누가 더 황당한지 한번 보겠다. 서울청부터~

서울지방경찰청
먼저 쎈거 한번 보여주겠다.
"은행에 가서 수도요금 좀 대신 내주세요"라는 신고가 왔었다! 하하! 11월1일

경북지방경찰청
겨우 그 정도로...
"기차역에 왔는데 열차를 놓쳤으니 좀 잡아 달라"는 신고가 왔었다! 하하! 11월1일

연합뉴스
11월1일 자자~일단 사례를 쭉 불러주길 바란다.

서울지방경찰청
집에 전기가 끊겼으니 출동해달라! 11월1일

경북지방경찰청
주차장에 세워둔 차가 밤새 잘 있는지 확인해달라! 11월1일

서울지방경찰청
지하철에서 옆에 앉은 할아버지가 방귀를 뀌었는데 냄새가 너무 심하니 처벌해달라! 11월1일

경북지방경찰청
예지몽을 꿨는데 내 앞에 가는 차 트렁크에 시체가 있을 거다! 11월1일

서울지방경찰청
맥도날드에서 햄버거를 시켰는데 케첩을 하나밖에 안 준다! 11월1일

경북지방경찰청
콜택시를 불렀는데 운전기사가 생긴 게 마음에 안 든다. 집까지 데려다 달라! 11월1일

서울지방경찰청
집에 TV가 갑자기 안 나온다! 11월1일

경북지방경찰청
밤근무 마치고 잠을 자야 하는데 닭이 계속 울어 잠을 잘 수가 없다!
이 신고는 우리가 깔끔하게 해결해줬다.

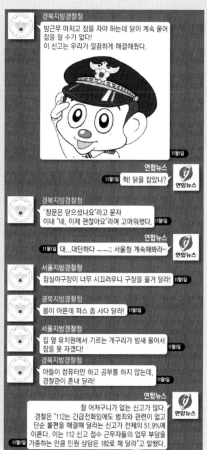

11월1일

연합뉴스
11월1일 헉! 닭을 잡았나?

경북지방경찰청
"창문은 닫으셨나요"라고 묻자
이내 "네, 이제 괜찮아요"라며 고마워했다. 11월1일

연합뉴스
11월1일 대...대단하다 ——;; 서울청 계속해봐라~

서울지방경찰청
잠실야구장이 너무 시끄러우니 구장을 옮겨 달라! 11월1일

경북지방경찰청
몸이 아픈데 파스 좀 사다 달라! 11월1일

서울지방경찰청
집 옆 유치원에서 기르는 개구리가 밤새 울어서 잠을 못 자겠다! 11월1일

경북지방경찰청
아들이 컴퓨터만 하고 공부를 하지 않는데, 경찰관이 혼내 달라! 11월1일

연합뉴스
참 어처구니가 없는 신고가 많다.
경찰은 "112는 긴급전화임에도 범죄와 관련이 없고 단순 불편을 해결해 달라는 신고가 전체의 51.9%에 이른다. 이는 112 신고 접수 근무자들의 업무 부담을 가중하는 만큼 민원 상담은 182로 해 달라"고 말했다. 11월1일

경비과

경비과는 크게 경비, 작전, 테러, 의경 업무로 나누어지고, 여기에 추가적으로 청원경찰 관리와 경호, 자연재해 등의 업무가 있다.

필자는 2010년에 광주서부경찰서 경비교통과에서 경호와 테러를 담당하여 근무한 경험이 있다. 2010년 3월 26일에 천안함 침몰 사건이 발생하여 모든 경찰관들이 경계근무를 하였고, 지휘부는 연가중지 등 갑호비상체제로 근무를 하였다. 특히 경비과는 거의 늦은 시간에 퇴근하고 날마다 출근하는 비상식적인 업무에 나의 전임자 선배는 근무가 너무 힘들었는지 간곡히 인사이동을 희망하여 뜻하지 않게 경비계장으로부터 전화를 받게 되었다.

"김 경장님 이야기를 많이 들었습니다. 일을 너무 잘하시고 유능하다는 말을 들었는데 혹시 경비과에 들어 오셔서 함께 근무하지 않으시겠습니까?"

경비계장이 너무나 나를 높이 평가하는 것 같아 기분이 좋아 곧

바로 흔쾌히 수락하였다. 이렇게 전화 한 통 받고 곧바로 인사이동 되어 경비과에서 근무를 하게 되었다. 그리고 내가 경비과에 들어가자 천안함 사건으로 내려졌던 경계근무가 정상 근무로 바뀌게 되었다. 소탈하시던 경비과장은 필자가 들어와서 좋은 일 생겼다며 회식을 제안하였다. 일을 시작도 안했는데 칭찬을 받으니 기분이 너무 좋았다.

이 부서의 특성이 항상 전쟁, 테러, 다중범죄, 자연재해, 집회 시위 등 매우 안 좋은 일들을 미리 예상하고 대응하는 것이다. 2010년 남아공월드컵에서 우리나라가 16강에 진출하였고, 많은 시민들이 길거리응원을 하였다. 길거리응원은 경비과 업무차원에서 보게 되면 일거리가 많다. 길거리응원은 매우 혼잡하고 다중범죄 및 테러 등에 취약하여 대응하기 쉽지 않아서이다. 그래서 많은 경찰관들을 현장에 경비 동원하여 질서 유지에 힘을 쓰게 된다. 광주월드컵경기장 커다란 전광판 화면에 한국국가대표팀의 시합 모습을 보겠다며 약 2만 명가량의 시민들이 경기장에 모였다. 필자는 업무상 그곳에 있었지만 시민들과 함께 한국축구를 관람할 수 있어서 일을 하는 것인지 응원하러 나온 것인지 분간이 안 되었다. 마침 같은 경찰서에 근무하던 동료가 캔맥주를 마시며 관람석에 앉아 있어서 함께 즐기면서 일을 했던 기억도 생각난다.

이 정도의 행사는 솔직히 서울에서 열리는 대규모 집회나 행사에 비하면 정말 아무것도 아니다. 프란체스코 교황이 2014년 8월에 한국을 방한한 적이 있다. 이때 광화문 광장에 100만 명의 인파가 운집하였고, 미리 신청한 20만 명에 한해서 방호벽 안에 들어가도록 하였다. 당시 필자는 광주북부경찰서 두암지구대에 근무를 하고 있었는데 관내 두암성당 신자들을 인도하는 안내조로 동원되어 새벽에 이곳 광화문 광장에 도착하게 되었다. 새벽 4시경에 도착하여 미리 정해진 자리로 이동할 때 그 놀라운 광경이 아직도 눈에 선하다. 그곳에 도착하자 이곳이 광화문 광장인지 커다란 공항인지 착각이 들었다. 검문검색을 통과하여 행사장 입구를 넘어가자 수많은 자원 봉사자들이 피켓을 높이 들고 자신들이 안내를 맡은 성당신자들을 찾고 있었다. 마치 외국에 도착하면 공항 입구에 마중 나온 여행가이드가 여행객을 찾던 모습과 흡사하였다. 이 자원봉사자를 만나야 우리가 머무는 장소를 찾을 수가 있는 것이었다. 서울지방경찰청 경비과 경찰관들이 이러한 일을 기획하고 수립하였을 것인데 정말 대단하다. 100만 명의 시민이 운집한 가운데 교황의 시복미사가 무사히 성황리에 마친 것에 경찰관의 한 사람으로 대한민국 경찰을 정말 자랑스럽게 생각한다.

경비과는 대통령과 국무총리, 외국 대통령 등을 관련 경호부서를 도와 보조 수행하기도 한다. 대통령이 한번 지방 도시를 방문하게 되면 그곳 경찰서 경비부서는 초비상근무체제라 생각하면 되겠다. 대통령의 두세 시간 남짓 머무는 시간을 위해 경비과는 길게는 일주일 이상을 대통령 경호를 기획하고 경찰 동원자 명단을 작성한다. 그리고 FTX훈련을 실전처럼 여러 번 실시한다.

또한 집회신고가 들어오고 그 집회가 폭력시위로 변질될 우려가 있으면 이에 대응할 수 있는 경찰특공대, 경찰기동중대와 방범순찰대 등을 소집하고 동원하여 대비한다.

2006년 11월 당시 광주시청 앞에는 농민 9천여 명을 포함, 광주, 전남 지역 시민사회단체 회원과 대학생 등 1만2천여 명이 모여 한미 FTA 협상을 반대하며 격렬한 시위를 벌였었다. 이때 고흥경찰서에서 근무하던 필자는 광주까지 경비동원이 되어 광주시청까지 오게 되었다. 그때까지만 해도 전투경찰부대가 해체 되지 않아 전경부대가 일선에서 농민들과 시민 시위자들을 방패 등으로 막으며 시위자들이 광주시청 진입을 막고 있었다. 고흥경찰서에서 동원된 경찰관들과 광주가 아닌 타 지역 경찰서에 올라온 경찰관들은 시청 1층 로비를 자유롭게 다니면서 밖에 시위를 마치 남의 집 불구경 하듯이 바라보았다. 주먹만 한 돌들이 시청 건물로 날라 와 강화 유리벽을 두드리기도 하였지만 삼삼오오 잡담을 하며 돌아다녔다. 전경부대가 없다면 당장 우리가 일선에서 시위대들의 쇠파이프와 죽창을 방패로 막아야 했지만 다행스럽게도 나서지 않게 되어 필자는 시위 모습을 가까운 곳에서 영화구경 하듯이 구경하였다. 안으로 진입하려는 자와 들어오지 못하게 막는 자로 나누어져 힘겨루기가 한참 이어지고 있었다. 그런데 필자의 눈을 의심케 하는 상황이 목격되었다.

쇠파이프와 죽창, 돌멩이가 날라 다니는 이 아수라 같은 전쟁판에 시민단체 회원으로 보이는 여성 몇 사람이 몸싸움이 한창 벌어지고는 최 일선으로 천천히 들어오는 것이었다. 그리고 그 여성들의 뒤에는 캠코더를 들고 영상을 촬영하는 같은 시민단체 회원의 모습이 보였다. 이 여성들은 건장한 남자들도 들어오면 압축시켜 마른오징어로 만들 것만 같은 최전방에 들어와 비명을 연신 질러 되고 있었다. 이럴 때 경찰은 힘이 없다. 특히 시위에서 시민들이 큰 부상을 입게 된다면 고스란히 과잉진압으로 경찰관의 잘못만 보도된다. 당시 경찰 내부에서 역대 최고라는 평가를 받던 허준영 경찰청장도 임기를 다 채우지 못하고 2006년 12월에 시위 중에 사망한 농민에 대한 책임을 지고 자리에서 물러나게 되었다.

경비부서에 근무해 본 필자는 남자라면 많은 경찰관들을 지휘 동원할 수는 경비과 근무를 감히 추천해 본다.

전투경찰대 설치법은 1970년 제정됐으며, 이듬해 이를 근거로 전경 부대가 공식적으로 창설된다. 초창기 전경은 현역병 입대 대신 시험을 치르고 입대했지만, 1981년부터는 현역 입영자 가운데 전경 자원을 뽑아내는 방식으로 바뀐다.

그동안 전경으로 군 복무를 마친 이들은 33만 명에 달한다. 이들 대원은 대간첩작전 뿐 아니라 국가 중요시설 경비, 집회·시위 관리, 범죄예방 및 교통관리, 재해재난 피해복구 등 치안 업무와 대민 봉사활동에도 투입되어 왔다.

경찰청은 1983년부터 전경과는 별도로 의무경찰을 모집해왔으며, 2012년 1월부터 전경 차출을 중단하고서 치안보조 인력을 의경으로 일

원화했다.

전경은 2013년 9월 25일 마지막 기수인 3천2기기 183명이 서대문구 미근동 경찰청사에서 합동 전역식을 함으로써 없어졌다.

2023년에 의무경찰 제도가 폐지된다. 2021년 12월에 입대하는 의무경찰이 마지막 의경이 될 것으로 보인다. 의무경찰들이 하던 경찰 보조업무들을 당연히 경찰관들이 직접 할 수밖에 없게 된다. 그래서 경찰청에서는 의경들을 대체할 많은 경찰관을 채용할 것이다. 2022년까지 7,700명의 경찰관을 추가로 더 채용할 계획이며 이러한 채용계획 예산안을 국회에 제출할 예정이다.

교통과

교통관리, 교통사고조사, 교통안전 업무로 나눌 수 있겠다.

●**교통관리**는 법규 위반 차량에 대한 행정처분과 면허증 발급, 재발급 등의 면허관련 업무 및 교통안전교육과 홍보를 담당한다.

●**교통사고조사**는 일반사고조사반과 뺑소니반으로 나누어진다. 이곳에서는 수사경과 뿐 아니라 일반경과자도 근무를 할 수가 있다.

●**교통안전**은 교통사고 예방 및 소통 업무와 교통 단속 업무를 하고 있다. 출퇴근 시간에 꽉 막힌 도로에 호루라기를 불며 수신호 하는 교통경찰관들을 보면 정말 존경스럽다. 매연도 매연이지만 더운 날씨에는 무더위와 싸우고 추운 날씨에는 칼바람을 맞으며 차량 소통을 위해 최선을 다하여 근무하는 모습을 보면 같은 경찰관 이지만 존경심이 절로 든다.

주간에는 교통단속을 주로 하고 야간에는 음주단속을 한다. 이 음주단속의 경우 생활질서계와 마찬가지로 단속만 하고 조사는 교통사고조사계에서 이루어진다.

169페이지에 자전거는 술을 마시고 운전하여도 된다고 적시하였다. 책을 출판할 당시에는 자전거를 타는 사람은 음주를 하여도 괜찮다고 적었는데 현재 도로교통법이 개정되어 자전거 음주운전 시 범칙금이 부과되는 것으로 바뀐 것이다. 자전거 레저 인구가 증가하다 보니 자전거로 인한 교통사고 역시 증가하여 도로교통법이 전면 개정된 것이다.

개정된 주요 도로교통법 내용 (2018. 9. 28. 시행)

1. 자전거 음주운전 시

술을 마신 상태 (혈중알코올농도 0.05% 이상)에서 자전거를 운전하면 3만 원의 범칙금이, 음주측정에 불응한 자전거 운전자에 대해서는 10만 원의 범칙금이 각각 부과된다.

2. 모든 도로에서 좌석 안전띠 착용 의무화

모든 도로(고속도로, 자동차 전용도로, 일반도로 포함)에서 전 좌석 안전띠 착용이 의무화되었다. 동승자, 또는 승객이 안전띠를 착용하지 않은 경우 운전자에게 3만 원의 과태료가, 13세 미만의 어린이가 안전띠를 미착용하는 경우에는 6만 원이 부과된다.

정보과

정보과는 맡은 일에 따라 채증, 소음, 신원, 범죄, 상황, 정책으로 나누어져 있다. 한 분야마다 전문적으로 업무를 수행하기도 하지만 인원이 없다면 여러 개 업무를 동시에 보기도 한다.

치안정보의 수집과 작성, 배포 업무를 수행하고 공직임용 예정자에 대한 신원조회와 집회 현장에서 위법한 증거들을 수집하는 업무를 하고 있는 것이다.

경찰만큼 방대한 정보력을 가지고 있는 국가기관이 없을 것이다. 2015년 이전에는 경찰관들은 무조건 의무적으로 월 2회 첩보를 제출하였다. 10만 명이 넘는 경찰관들이 할당량을 채우기 위하여 형식적으로 쓰기도 하지만 질적으로 우수한 고급 첩보를 제출하기도 한다. 이런 첩보들이 매달 쏟아지는 것이다. 관내 주요 인사들과 우범자들의 동향이나, 교통시설물에 대한 하자, 집회 또는 시위에 대한 첩보 등 무수한 첩보가 쏟아진다. 그리고 이들 첩보의 가치를 분류하는 작업을 이 정보과에서 하고 있다.

정보과는 필자가 아직 근무해 본 경험이 없다. 세련된 양복을 입고 경찰서로 출근하는 그들의 모습을 보고 멋지다는 생각을 하였지만 아직 일할 기회가 없었다. 그들은 집회 현장에서는 아웃도어 차림으로 산업스파이를 찾기 위해 근로자 복장으로 공장을 누빈다. 시청, 구청, 이권단체 등 본인들의 해당 구역에 나가 첩보를 수집할 때마다 거기에 맞게 변하는데 필자의 눈에 이 정보관들이 007영화에 출연하는 스파이, 첩보원 같아 보인다.

경찰은 다양한 사람을 접하기 때문에 폭넓은 정보를 얻는다. 가장 밑바닥 정보부터 살피는데 이를 풀뿌리 민심 첩보라 한다. 예를 들어 슈퍼주인을 만나 정보를 얻으며 세금 때문에 힘들다. 라고 말하면 이를 가지고 정책첩보로 활용하기도 한다.

정보관은 기자와 비슷하다. 차이짐은 기자는 뉴스거리를 찾아 언론 등을 통하여 알리지만 정보관은 뉴스거리를 찾아도 알리지 않는다는 점이다. 이런 점 때문에 같은 경찰이지만 정보관들이 무슨 일을 하는지 잘 알 수가 없다. 그래서 정보과에 근무하게 되면 불이익을 받는 것들 중에 하나가 심사, 특진에 누락 된다는 것이다. 유치장, 방범순찰대도 마찬가지로 잘 보이지 않아 일을 하지 않고 놀고 있다는 세평을 받기 때문에 심사, 특진에 누락 되고 있다.

정보는 예민하다. 현재 경찰개혁위에서는 민간사찰 등을 이유로 정보과를 폐지하려고 하여 일부 정보과 직원들은 어렵다고 말한다.

보안 외사과

●**보안사범** 그러니까 간첩이나 탈북자, 종북세력에 대한 첩보 수집과 이들에 대한 수사업무를 수행한다. 이 보안과도 수사경과와 마찬가지로 보안경과라는 경과가 따로 있다. 이 보안경과도 시험을 보는데 이를 합격하여야 보안경과자로 보안부서에 근무를 할 수가 있다. 이 보안경과 시험이 공시되면 해당 지방청에 수험서 자료를 요구하면 책과 문제집을 제공받을 수가 있다. 시험을 치른 동료의 말에 따르면 보안경과 시험 문제의 난이도가 상당히 높다는 것이다. 관심이 있다면 열심히 공부를 해야 보안경과에 합격할 수 있겠다.

●**외사과**는 외국인과 관련된 사건들과 행정을 맡아 하는 곳이다. 외사과는 인원이 매우 적다. 1급서에서도 한 명 내지 두 명이 담당 업무를 수행하는데 외국어에 능통한 신임직원을 특별채용하여도 이곳에 근무자가 있으면 외사과에서 근무하지 않고 지구대, 파출

소에서 근무를 하기도 한다.

외사과에 지원할 정도에 외국어 실력을 갖추고 있다면 수사실무 업무를 경험하기 바란다. 차후에 국제사법경찰조직인 인터폴에 지원서를 제출할 수 있기 때문이다. 인터폴 채용조건은 국제 공용어 총 4개(영어, 스페인어, 불어, 아랍어) 이 네 가지 언어 중 하나를 프리토킹 하여야 하고 수사실무 경력을 중요한 조건으로 보기 때문이다.

필자가 네이버지식인에서 경찰과 관련된 질문에 답변하고 채택된 내용들이다.

경찰외사과질문

비공개 · 질문수 14 · 마감률 100% · 채택률 100%

안녕하세요 저는 18살입니다 제가 지금 베트남에 살고있어서 베트남어 읽고 쓰고 말하기까지를 다배웠는데요 아버지가 커서경찰외사과하라고하셔서 궁금한점이많은데요 경찰외사들은 주로 어디서근무하고 월급은어느정도되나요?

2016.08.21.

작성자 비공개
채택답변수 100개 이상

질문자인사 답변내용이 많은 도움 되었습니다.

외사과는 외국인 범죄 등을 수사 및, 외국인이 관광차 입국하여 곤란한 상황(여권, 지갑, 휴대폰 분실 등)에 처했을 경우 도움을 주는 관광경찰 업무 등을 하고 있습니다. 또한 국제공제수사요청이 들어오면 도움을 주고요.
특히 지구대, 파출소 등에 외국인 범죄 민원 신고 등이 들어오면 통역관 역할을 하지만 해당 경찰서에 관련 외사요원이 없으면 티티콜(1330)로 처리하기도 합니다.
외사특채로 채용되어도 다른 부서로 지원하여 근무할 수 있습니다.
월급은 공무원은 계급과 호봉에 따라 다른데 외사과에 근무한다고 해서 더 받거나 덜 받지 않습니다.

2016.08.23.

VI. 널리 사회를 이롭게 하라

더 큰 생각을 가지고 해낼 수 있다고 생각하자. 그리고 생각에서 멈추지 말고 자기 자신을 강하게 단련하도록 하자. 독서도 하고, 운동도 하고, 공부도 하자. 그렇게 자신의 꿈을 실현 시키도록 노력하다 보면 영화 속의 주인공으로 살아가는 모습이 점점 그려질 것이다.

각종 사건 사고들

경찰은 시민들에게 경찰 활동사항을 홍보하는 것을 무척 좋아한다. 그래서 신문이나 인터넷에 경찰관들이 독자투고란에 기고를 자주 보낸다. 그리고 지방청, 각 경찰서마다 경무과 소속으로 아예 홍보를 집중적으로 담당하는 경찰관이 있다. 그만큼 홍보 업무가 중요하기 때문이다. 요즘은 각종 SNS가 발달하였고, 누구나 스마트폰을 가지고 다닌다. 개인적으로 카카오스토리, 페이스북에 친구 맺기를 통하여 대한민국 경찰의 소식을 받아 보는 일반인들이 많아지고 있다.

이 SNS를 통해 경찰의 활동을 홍보하기도 하지만 관내 강력사건 또는 미제사건을 시민들에게 알리고 관련 사건의 제보를 받는 역할까지도 하고 있다. 자신이 거주하는 지역에서 현재 어떠한 일들이 발생하고 있는지 궁금하다면 카카오스토리, 페이스북에서 해당 지역의 지방청이나 경찰서 이름을 검색한 후 공유하기 소식받기 등을 클릭하면 된다.

공유하기, 친구 추가 등으로 관련 페이스북에서 새로운 내용의 글과 사진, 동영상이 나올 때마다 소식을 받을 수가 있다. 얼마 전 부산경찰 페이스북에 미제사건으로 남아 있던 변사자의 신원을 알기 위하여 올린 글이 있다. 부산지방경찰청 광역수사대 미제사건전담팀이 10년 전에 가매장된 한 구의 시체를 파묘하여 3D영상기법으로 변사자의 얼굴을 몽타주 하여 가장 비슷한 체형의 남성의 얼굴을 복원하였다. 혹시 이 변사자의 신원이 주변에서 사라진 지인일 수 있겠다 싶으면 부산지방경찰청 미제사건전담부서에 연락해 주기 바란다.

가끔 무서운 사건이 발생하여 세상이 떠들썩할 때가 있다. 하지만 발견되지 않았거나, 발견되

부산경찰님이 새로운 사진 22장을 추가했습니다 – **고준철**님 외 **2명**과 함께
10월 7일 오전10:55 · ❸

<해당 사진들은 살인사건 '변사자'의 몽타주입니다>
<해당 사진들은 살인사건 '변사자'의 몽타주입니다>

여러분의 '좋아요'가
10년 만에 미제사건을 푸는 열쇠가 될 수 있습니다.

10년 전, 영도 소재 대학교 주차장 맨홀에서
죽임을 당한 채 발견됐던 변사자,

SNS신원수배 및 그것이 알고싶다 방송 이후
총 55건의 제보가 접수되어 수사중이나
여전히 실마리를 풀지 못하고 있습니다.

10년 전 변사자의 다양한 모습
변경 몽타주를 공개합니다.

긴가민가하더라도, '설마'하더라도
그 어떤 제보라도 좋습니다.

미제사건전담수사팀에서 제보를 기다리고 있습니다.

더불어 몽타주가 멀리멀리 퍼져나갈 수 있도록
'좋아요'와 '공유'로 힘을 보태주세요!

부산지방경찰청 형사과 강력계 미제사건전담수사팀
–

**해당 변사자에 대한 특징점을 알고 있거나
확인할 수 있는 분을 발견시
아래로 연락주시기 바랍니다.
※제보자에 대하여는 비밀보장 및 규정에 의거
신고보상금을 지급합니다.**

**부산경찰청 형사과 강력계 미제사건전담수사팀
051)899-2770 또는 국번없이 112**

으로 밀어서
타주를 확인해주세요!
>>>>>

+19장

어도 위 사건처럼 피해자의 신원 등을 전혀 확인할 수 없어 조용히 묻히는 사건들이 있다. 범인은 존재하는 데 잡지 못하다니 정말 무섭지 않은가? 그런 범죄 사건들을 경찰들이 끝까지 다 수사할 수는 없다. 밝혀져 있는 사건도 인원 부족과 시간, 증거 부족 등으로 기소중지된 사건이 너무나 많기 때문이다. 하지만 우리가 이웃에 대한 관심을 조금만 갖는다면 발생할 수 없을 것이며, 발생하여도 쉽게 범인을 검거할 수 있을 것이다.

예전에 지존파가 검거되었을 당시에 그들은 5명이나 되는 사람을 살해하였지만 경찰은 전혀 수사하지 않았다. 그들과 함께 생활하던 여성이 탈출을 하여 경찰에 제보하기 전까지는 말이다. 이 여인의 신고로 이들의 범죄가 세상에 드러나게 되었고 검거하면서 엽기적인 사실까지 알게 되었다. 만약에 이 여성이 탈출하지 못하였더라면 더 많은 희생자가 발생하였을 것이다. 그 당시 이들은 전남 영광군에 아지트를 만들고 그 집 지하에 감금시설과 시체를 태울 소각장을 만들었다고 한다. 그런데 시체를 태우면 주변 이웃들이 의심할 것을 염려하여 주변에 사는 이웃들을 자신들의 아지트로 초대하여 함께 삼겹살을 구워 먹었다고 한다. 그들은 고기를 좋아하여 자주 삼겹살 등을 구워 먹는다며 이웃 주민들을 속였다. 시골 분들이라 이들의 말을 곧이 믿었을 거라 생각한다. 하지만 이들에 대해 조금만 관심을 가지고 바라보았다면 상황을 달라졌을 것이다.

유영철 사건을 기억하는가? 이 사건은 2003년 9월부터 2004년

김현양 (자존파)
난 인간이 아니야, 그래서 다 잡아 죽이려고…
우리 엄마요? 내 손으로 못 죽여서 한이 맺힙니다.

7월까지 총 21명을 살해한 엽기적인 연쇄살인범이다. 그가 추가로
5명을 더 죽였다고 하였으나 그들의 신원과 사체 등이 발견되지 않
아 공식적으로만 21명이라고 한다. 살인사건의 대부분은 면식범의
소행이다. 치정, 원한, 채무 등 이런 이유들로 인해 사람을 죽인다.
그리고 자신이 저지른 일에 죄책감으로 자살을 하거나, 자수를 하
는 경우가 많다. 이 유영철은 자신과 전혀 일면식도 없는 노약자와
부녀자, 힘이 없는 약자들을 골라 살인을 저질렀고, 또 이들의 시
체를 소각하거나 토막 내어 야산에 묻어 증거를 인멸하는 잔인함
도 보였다. 이게 가능했던 이유는 앞 사건과 마찬가지로 이웃에 대
한 관심이 없기 때문이라 생각한다. 이 사건을 모티브로 만든 영화
'추적자'를 보면 장시간 피해자의 차가 방치되고, 살해당한 노인 부
부가 연락이 안 되어도 누구 하나 관심을 갖지 않는다는 것이다. 그
사이 범인은 멀리 피하거나 또는 증거를 인멸할 시간을 갖게 된다.

한국, 중국, 일본 이 세 나라의 사회도덕성을 나타내는 사건들을 소개하고 비교해보겠다. 어느 나라가 더 사회도덕성이 뛰어난지 생각해 보기 바란다.

2006년 11월 난징(南京) 남경에서 중국의 사회 도덕성을 50년 뒤로 태보시킨 사건이 있었다. 할머니 한 분이 아침에 버스를 기다리고 서 계시다 많은 사람들에 치여 넘어져 크게 다친 사건이다. 이때 일용직 근로자 펑위라는 사람이 할머니를 일으켜 세우고 할머니의 가족에게 연락도 하고 병원에 모셔다 진료를 받도록 도와드렸다. 그러나 그에게 돌아온 것은 고맙다는 말이 아닌 손해배상청구였다. 할머니가 이 사고로 장애등급을 받자 할머니의 가족들이 펑위를 상대로 손해배상을 청구한 것이다. 할머니는 자신을 이렇게 만든 사람을 펑위로 지목했고 법원은 이를 받아들였다. 많은 사람들 중에 누가 할머니를 다치게 했는지 찾을 수 없었기 때문이고 펑위가 그들 중 한 사람일 수 있다 보고 법원은 '공평의 원칙'을 내세워 펑위에게 13만 위안(우리 돈 2,300만 원)을 배상하라고 하였다. 이 작은 사건이 13억 중국인들의 마음을 움직였다. 이 사건을 중국 언론매체가 대대적으로 보도하면서 사회 외면현상이 발생하게 된 것이다. 누가 옆에서 쓰러져도, 도와달라고 소리를 쳐도 외면하고 타인에 대한 무관심을 당연하다 생각하면서 중국 사회 도덕성을 50년 퇴보시킨 것이다. 이 작은 사건이 이런 큰 파장을 일으킨 것을 보면 인연의 고리가 있어 할머니 한 분만 다친 것이 아니라 중국인 모두가 다친 것으로 보인다. 그리고 이런 나라에 유영철보다 더 한

연쇄살인범이 있다 해도 하나 이상할 것이 없다.

경우에 따라 적극적으로 나서야 하는 경우도 있지만 중요한 것은 자신의 안전이 중요하다. 일본에서 아르바이트로 학비를 벌며 학업을 하던 고 이수현 씨는 2001년 1월 26일 일을 마치고 집으로 돌아가는 길에 지하철 선로에 떨어진 취객을 보게 된다. 이미 수많은 사람들이 선로에 떨어진 취객을 보았으나 그 누구도 취객을 보고 도와주려고 선뜻 나서지 않았다고 한다. 하지만 그는 과감하게 선로로 뛰어들었고, 그가 적극적으로 나서자 그 옆에 있던 또 다른 일본인도 선로로 뛰어들어 취객을 구하려고 하였다. 하지만 빠르게 달려오는 전동차에 치어 취객, 고 이수현, 일본인 이렇게 세 사람은 목숨을 잃게 되었다. 이 사건은 일본열도에 큰 파장을 끼쳤다. 당시 중국처럼 점점 타인에 대한 무관심이 커져 갔던 일본이었지만 이 사건으로 개인주의에 대한 깊은 반성을 하게 만들었던 것이다. 얼핏 보면 비슷해 보이는 두 사건이지만 결과는 아주 다르다.

그리고 우리나라도 점점 중국처럼 도덕성이 퇴보하고 있다. 믿기 힘들지만 그러한 사건들이 계속 터져 나오고 있다.

2016년 8월 25일 오전 8시 40분 대전 서구 한 도로에서 승객 2명을 태우고 쏘나타 택시를 몰던 택시기사가 갑자기 급성 심장마비 증세를 보였다. 택시기사가 운행 중 심장마비 증세로 쓰러져 결국 숨졌지만, 당시 택시에 탔던 승객들은 기사에 대한 구호 조치도 취하지 않은 채 자리를 떠난 사실이 알려져 논란이 되었다. 이들 승객은 골프가방을 꺼내기 위하여 트렁크를 열려고 하자 잘 안 되어 차키를 빼 트렁크 문을 열고 골프가방을 꺼내었다고 한다.

이들은 한참 시간이 지난 후 경찰에 전화해 이렇게 말하였다.

"공항버스 출발 시각이 10분밖에 남지 않아 바로 가야 했다. 귀국하는 대로 경찰 조사에 협조하겠다."

당시 경찰 관계자는 출퇴근 시간대라 택시 승객들은 주변에 있던 목격자들이 신고했을 것으로 생각하고 현장을 이탈했을 것이라고 인터뷰하였다.

주변에 사람이 많지만 그래도 사건을 가장 먼저 목격한 승객이 신고를 해야 당연한 도리인데, 그것을 하지 않아 이 승객에 대하여 우리 사회가 분노를 하는 것이다.

그리고 2016년 10월 1일 서울에서도 이와 유사한 사건이 발생하였다. 택시기사분이 돌연 호흡에 문제를 보이며 의식을 잃었다. 택시기사는 브레이크를 밟아 중앙선 쪽에 차량을 세웠으나, 끝내 의식을 잃는 바람에 힘이 풀린 발이 브레이크에서 멀어져 아주 천천히 중앙선을 넘어 반대편에 오는 렉스턴 차량에 살짝 닿고서야 멈춘 것이다.

이 렉스턴 차량 운전자와 지나던 행인들이 119에 신고한 뒤 택시기사를 차량에서 끌어내려 인공호흡을 했으나, 택시기사는 결국 숨지고 말았다. 그런데 이 택시에 타고 있던 여성 승객은 신고도 하지 않았고, 응급조치에도 참여하지 않은 채 사고가 난 후 현장을 떠난 것으로 전해져 또 한 번 우리 사회가 분노를 했다.

이 여성승객이 신고하지 않고 응급조치에 참여하지 않았다고 해서 형사처벌을 받지는 않는다. 그럼에도 우리가 그 승객을 욕하는 것은 자신만을 생각하고 타인을 생각하지 않는 이기적인 모습에서 분노를 느끼는 것이다. 물론 당시에 무섭고 바빠서 그냥 갔을 거라 본다. 그럼 최소한 112, 119에 신고라도 해주어야 하지 않겠는가 말이다. 그 최소한의 도리를 하지 않는 모습에 분노를 느끼는 것이다.

이뿐만이 아니다. 소풍가고 싶다던 딸을 마구 때려 숨지게 한 '울산 계모 사건'을 시작으로 '칠곡 계모 사건', '인천 아동학대 사건', '부천 초등생 토막 사건' 등 이런 패륜적인 아동학대 사건이 연이어 터졌다. 그렇다면 우리는 아이들을 보호하기 위해 무엇을 할 수 있을까? 그것은 이웃에 관심을 기울이는 것이다.

지나친 관심은 사생활 침해가 될 수 있지만 작은 관심은 상대방에 대한 배려와 사랑이 될 수 있다. 심각한 아동학대를 발견하게 되면 그들을 위하여 112로 즉각 신고해주기 바란다. 이런 관심만이 학대 받는 아동을 구할 수 있는 길이기 때문이다. 무관심을 깨고 주변을 한번 둘러보자.

누군가 비명을 지르며 도움을 요청한다며 그냥 무시하고 가지 말고 112신고를 한다든지, 주변에 소리를 질러 도움을 청하면 된다. 우리나라가 중국처럼 사회 도덕성이 태보되고 있다고 아직까지는 믿지 않고 있지만 이런 사건을 볼 때면 중국처럼 되지 않을 거라 장담하기도 힘들다. 그렇다고 여러분들이 목숨 걸고 사회 도덕성을 위해 적극 나서라고 말하고 싶지도 않다. 오히려 적극 나서려고 한다면 필자는 말리고 싶다.

숱한 화재를 낳고 종영한 '태양의 후예'라는 드라마에서 지진 현장으로 구조작업을 하기 위해서 들어가는 대원들에게 주인공 유시진 대위가 했던 말이 인상 깊다.

"다치지 마라."

구조하는 본인들의 생명이 중요하다는 뜻이다.

만약 화재 현장 건물 안에 누군가 갇혀 있고 이 사실을 나밖에 모른다고 하자. 그러면 뛰어 들어가서 구하는 것은 가장 미련한 짓이다. 함께 죽을 수도 있기 때문이다. 가장 현명한 것은 119 또는 112에 신고를 하는 것이다. 화재 현장에서 가장 많은 인명이 질식사로 죽지 화상으로 죽지 않는다. 우리 경찰들은 화재가 나면 화상을 입은 사람을 제일 먼저 의심하게 된다. 화상환자는 두 가지 경우이다. 불을 피우다 화상을 입는 경우와 불을 끄다가 화상 입는 경우. 그러니 의심할 수밖에 없다.

인(因)과 연(緣)

불교에서 인연을 이렇게 말한다. 인은 결과를 만드는 직접적인 힘이고, 연은 그를 돕는 외적이고 간접적인 힘이다.

필자는 이 세상의 모든 사람들은 인연이라는 고리로 모두 연결되어 있다고 생각한다. 불교에서는 이것을 인드라망이라고 가르친다. 이 인드라망이 무엇이냐면, 인드라라는 그물이 있는데 이 그물은 한 없이 넓고 그 그물의 이음새마다 구슬이 달려 있다. 그 구슬은 서로를 비춘다. 그 구슬들은 서로를 비출 뿐만 아니라 그물로서도 서로 연결시켜 준다. 그것이 바로 인간세상의 모습이라는 것이다. 우리는 마치 스스로 살아가는 것 같지만. 실제로는 서로 이렇게 연결되어 있으며 서로 비추고 있는 밀접한 관계가 있는 것이다.

이것은 인간관계뿐만 아니라 세상과 인간과의 관계에서도 영향을 미친다. 내가 남의 잘못을 탓하지 않고 귀찮아 넘어가거나, 또는 불행한 사람을 돕지 않는다면 이게 나에게 영향을 줄 수 있다는 의미인 것이다.

인터넷도 그 고리 중의 하나이다. 요즘 인터넷에 악성댓글과 SNS에서 상대방을 비방하는 글들로 인하여 심각한 사회문제가 되고 있지만, 악플러들은 죄책감을 느끼지 못하고, 익명성 뒤로 숨어 다른 사람이 그들의 글로 인하여 고통과 모멸감 등을 당하는 모습에 오히려 쾌감을 느끼는듯하다. 악의적인 자신의 글로 남들은 고통을 받지만, 자신이라는 것을 모를 거란 생각에 죄책감 따위는 전혀 생기지 않는 것도 당연하지만, 감추기란 그리 쉽지 않다.

'세 모자 사건', '채선당 임산부 폭행 사건'을 기억하는가? 이와 비슷한 일이 최근에 또 한 번 일어났다. '안양마트 여직원 폭행 사건'이다. 모두 인터넷 상에서 누군가 올린 선동적인 글에 이끌려 상대방을 천하에 나쁜 사람으로 만들고 그와 그의 가족들에게 씻을 수 없는 상처를 준 사건들이다.

수천, 수만 킬로미터 떨어진 아프리카에서 에볼라 바이러스가 번지자 전 세계가 벌벌 떨면서 아프리카와 그 주변을 여행한 여행자 및 관계자들이 자국에 입국하려 하면 입국 금지 또는 입국하여도 각종 까다로운 검사를 통과하여야 입국을 허용하는 것은 우리가 좁은 지구촌에서 함께 살아가고 있기 때문이다. 특히 인터넷은 시간이나 거리를 따질 수 없을 만큼 전 세계가 하나로 이어지고 있는 곳이다. 인터넷 상에서 메일이나 개인의 클라우드 등은 얼마든지 해킹당할 수도 있고, 법에 의한 영장에 의하여 검열할 수도 있다.

얼마 전 카카오톡 검열이 뜨거운 논란이 된 적이 있다. 개인 간의 카카오톡 메시지를 주고받은 것을 검찰에서 검열한 것인데, 개인 간에 메시지를 주고받고 삭제를 하여도 이 내용들이 복원된다는 것이다. 한때 인권유린이 아니냐는 논란이 있었지만 수사기관에서는 수사에 많이 활용하고 있다. 지나친 악성댓글로 인하여 피해를 본 사람들이 수사기관에 의뢰를 하면 얼마든지 기록을 삭제 하였어도 복원하여 내용을 보고 법에 의하여 처벌 받을 수 있다는 것이다. 꼭 이렇게 물리적으로 악플러를 찾아내지 않아도 조금만 관심을 가지면 악플러가 누구인지 알 수도 있다.

영화 '할로우맨'에 출연한 케빈 베이컨는 각종 영화에 주연, 조연, 단역 등 장르를 가리지 않고 출연한 헐리웃 배우이다. 미국에는 이 배우의 명칭을 딴 케빈 베이컨의 법칙이라는 게 있다. 이 법칙에 따르면 내가 아는 사람으로 시작해서 여섯 단계만 거치면 멀리 떨어진 미국 내에 있는 대부분의 사람이 친구이거나 아는 사람이 된다고 한다.

한 영화배우를 지목하여 케빈 베이컨과 얼마나 가까운지 숫자로 매기는 것으로 함께 출연한 적이 있으면 1이 되고, 그와 영화를 찍지 못하였어도 케빈 베이컨과 같이 출연한 적이 있는 배우와 영화를 찍으면 2과 되는 방법으로 가장 많은 영화에 출연한 케빈 베이컨이 모든 배우들과 지수가 낮은 것으로 평가되어 케빈 베이컨의 법칙이 만들어졌다. 이렇게 대충 6단계만 거치면 모두 다 아는 사이가 된다.

인터넷은 더욱 관계를 맺기 쉽기 때문에 더 조심해야 한다. 6단계까지 가지 않아도 조금만 관심을 가지고 파고들면 그가 누구인지 쉽게 알 수가 있다. 인터넷 카페, 블로그, 온라인 게임 등 얼굴은 본 적이 없지만 취미와 취향이 비슷하다는 이유로 얼마나 온라인 상에서 가깝게 지내는가? 악플러들도 그들의 취향에 맞는 인터넷 카페, 블로그, 온라인 게임, 인터넷 방송 등을 접하고 거기 회원들과 함께 즐거움을 함께 했을 거라 본다. 인터넷에서 익명성을 이유로 악성댓글을 달지만, 그게 어쩌면 내가 아는 사람에게 고통을 준다는 것, 그 댓글로 인하여 내 가족과 나를 아는 사람이 큰 피해를 볼 수 있다는 사실을 알고, 이 사회에 익명성이란 존재하지 않고, 이를 이용해서는 안 된다. 이 세상은 나와 모두 이어졌다 생각하자. 내가 무심코 남긴 댓글이나 말 한마디가 이 세상에 큰 파장을 일으킬 수 있는 것이다. 자신의 존재를 작게 여기지 말기 바란다.

대구지하철 화재사고를 기억하는가? 2003년 2월 18일 대구 도시철도 1호선 중앙로역에서 방화로 일어난 화재사건으로 이때 192명의 사망자와 21명의 실종자 그리고 151명의 부상자가 발생한 사건이다.

당시 지하철에 타고 있던 방화범이 라이터로 휘발유가 들어있는 샴푸통에 불을 붙이려고 시도를 하는 모습을 주변에 있던 승객들이 보았다고 한다. 그리고 말리는 사람도 있었지만 결국 이 방화범이 샴푸통에 불을 붙이고 가방을 던지자 불이 순식간에 지하철 내부를 태우며 유독가스를 발산하면서 이 끔찍한 사고가 나게 된다.

필자는 '만약 경찰관으로써가 아닌 일반 시민으로 그 자리에 있었다면 나는 어떻게 했을까?'라고 스스로에게 자주 질문을 해 본다. 이런 끔찍한 결과가 발생할 거라 생각하지 못하였더라면 필자도 무덤덤하게 다른 시민들처럼 방관하지 않았을까 싶다. 여러분도 그 방화범이 타고 있는 지하철 칸에 앉아 있다고 생각하고 자신에게 질문을 던지기 바란다. 이 방화범이 라이터를 들고 무언가에 불을 붙이려고 하는데 나 말고도 다른 사람들이 많이 있다면 과연 나서서 제지할 수 있는지 말이다.

얼마 전에 텔레비전에서 본 프로그램이 있다. 이 방송에서는 5명의 실험자를 방 안에 두고 이 안에서 문제를 풀게 한다. 이들 중 4명은 방송사에서 이미 짜고 들어온 연기자들이고 한 사람만이 실험자였다. 방 안에서 문제를 푸는 동안 방 안으로 드라이아이스 연기를 방안으로 유입시키고 방 밖에서 폭발음이 들리도록 하였다. 처음에 5명이 놀라고 당황하지만 아무 일 없는 듯이 다시 문제를 풀도록 하였는데, 놀랍게도 실험자 10명 중 1명만이 방 안에서 탈출하였다. 그래서 이 탈출한 사람에게 인터뷰를 하였는데 그 사람의 말이 필자의 생각과 같았다.

"처음에 당황하여 탈출하려고 하였으나, 주변을 보니 다른 분들이 문제를 푸는 모습에 망설여졌습니다. 그렇지만 자꾸 연기가 방안으로 들어오자 갑자기 대구지하철 화재참사가 떠올라 가만히 있으면 안 되겠다는 생각을 하게 되어 탈출하게 되었습니다."

심리학에서는 이를 '방관자 효과'라 부른다. 우리는 한 번씩 영화 속 주인공처럼 영웅이 되는 것을 꿈꾼다. 그리고 일상 속에서 우리는 단 한 사람의 영웅이 될 기회를 종종 놓쳐버리곤 한다.

예를 들면 버스승객이 심장마비 등으로 쓰러지거나, 길을 가는데 연기가 나는 차를 발견하거나, 왕따를 당하는 친구를 도와주거나 하는 등 아주 쉬운 일 같아 보이면서도 섣불리 나서지 못하는 경우가 많기 때문이다. 이런 일에 직접적, 또는 간접적 개입을 하는 것을 택한 사람은 불의를 보고 못 참는 사람이거나, 방관자 효과에 대해서 알고 있는 사람일 가능성이 높다.

방관자 효과는 위급한 상황에서 지켜보는 사람이 많을수록 오히려 도움을 주는 사람은 적어진다는 심리학 용어이다. 이 효과는 사람이 더 많을수록 더 많은 도움을 받을 것이라는 생각과 전혀 반대의 내용을 담고 있다.

그 이유는 크게 세 가지가 있다.

첫 번째는 '내가 아니어도 도울 사람은 많겠지'라는 책임감의 분산이다. 혼자 있을 때는 '내가 아니면 아무도 없다'는 생각에 책임감을 갖고 도움을 주려 하지만 여러 명이 있다면 내가 나서지 않아도 누군가 할 거야 하는 생각을 쉽게 갖기 때문에 방관하게 되는 것이다.

두 번째는 다수의 무지로 인한 상황 파악의 어려움이다. 내가 나서야 한다는 것을 알게 되면 우리는 기꺼이 도우려 할 것이다. 하지만 보통의 경우에 우리는 현재 상황이 위급한지 아닌지 파악하기 힘들다. 따라서 나서야 할지, 말아야 할지 행동을 정하기 쉽지 않다. 실제로 많은 상황들은 도움이 전혀 필요하지 않다. 약간 과장

되어 보이는 경우가 많다. 하지만 진짜로 도움의 손길이 필요한 경우가 있다. 이때 상황 파악이 안 되는 경우에는 상대방이 내 가족, 친척, 지인이라고 생각해보면 답을 찾을 수가 있을 것이다.

세 번째는 잘못 개입하여 다른 사람들의 나쁜 평가를 우려한다는 것이다. 남녀가 길에서 다투고 있다고 가정해보자. 여자는 약자라는 선입관에서 여자의 편을 들면서 싸움을 말리려고 했으나 여자는 꽃뱀이고 남자에게 협박을 하는 사정이라고 하면 잘못해서 공범으로 몰릴 수 있는 것이다. 그런 우려들 때문에 우리는 도움을 주기를 주저하게 된다.

그리고 만약 내가 위급한 순간, 도움이 필요로 하는 상황에 처했을 때에는 내게 도움을 줄 사람을 확실히 지목해야 한다.

"도와주세요."

소리를 지른다고 해서 당연히 도움을 받을 수 있다고 생각하면 오산이다. 다들 '나 아니어도 다른 사람이 도와주겠지'라고 생각하고 방관하기 때문이다. 이럴 때에는 누군가를 특정하여 도움을 구해야 한다. 예를 들면,

"빨간 옷을 입은 아저씨, 저 좀 도와주세요."

"모자 쓰신 아가씨, 저 좀 도와주세요."

이렇게 말이다. 그럼 그분들은 당신에 영웅이 되어 줄 것이다. 방관자 효과를 알고 있는 것만으로도 책임감 분산에 따른 피해를 줄일 수 있다고 생각한다. 그리고 조금 손해 볼 수 있지만 만일 그대에게 누군가가 도움을 청하였다며 망설이지 말고 도와주자. 그 도

움이 우리 사회를 밝게 만들어 지금은 나에게 손해일지 모르지만 서로를 비추는 거울이 있어서 일 년 후 아니면 몇 십 년 후에 반드시 자신에게 보답으로 돌아올 수 있기 때문이다.

오늘날에 기사도 정신이 점점 사라지고 인정이 메말라가고 있다. 이 글을 읽는 그대여! 당당하고 아름답게 살아가자. '당당하다'라는 말은 기사도다. 약자를 보호하고 도울 수 있는 마음을 갖는 것이다. '아름답다'라는 말은 품격이다. 옷을 단정히 입고 좋은 말을 내뱉을 수 있는 인격을 가지고 당당하게 살아가는 것이다.

누구나 영화 속
주인공이 될 수 있다

영화 속의 주인공이 되려면 어떻게 해야 할까? 평범한 공무원, 회사원, 학생, 가정주부가 영화 속의 주인공과도 같은 삶을 살 수 있을까? 아무나 영화배우가 되는 것은 아니지만 우리가 마음만 먹으면 그들과 비슷한 삶을 살 수는 있다.

용혜원 시인은 우리나라 10대 강사로 알려진 유명한 명사다. 우리 경찰관들을 위해 적은 강의료에도 불구하고 시간 나실 때마다 특강을 하신다. 재능기부를 하고 계시는 것이다. 필자도 이 분의 강의를 접하고 많은 것을 깨닫고 도움을 받았다.

용혜원 시인의 강의를 듣기 전에 동료들이 앞자리에 앉으면 그 분의 시집을 선물로 받을 수 있다고 말을 하였다. 시집 한권 사려고 마음먹고 있었는데 잘 되었다는 생각으로 앞자리에 앉아 강의를 들었다. 3시간가량의 특강 동안 박장대소를 하며 강의를 재미있게 들었다. 개그맨 못지않게 유머감각이 풍부하신 분이었다. 그리고 드디어 앞자리에 앉은 보람을 느끼는 순간이 찾아왔다. 열심히 잘 들어서 시집을 선물하겠다고 나에게 앞으로 나오라 하셨다. 그러면서 내게 장래희망이 무엇인지 물어보았다. 그래서 나는 자신 있게 말하였다.

"영화배우가 되겠습니다."

강의를 듣던 동료들은 내가 농담을 하는 줄 알고 웃었다. 그리고 쉬는 시간에 용혜원 시인에게 다가가 내가 왜 영화배우가 된다고 말했는지 설명을 하였다.

나는 여가시간에 틈틈이 시나리오를 쓰고 있다. 시나리오 공모전에 출품하여 내 작품이 영화가 되는 것을 상상하면서 말이다. 그리고 내 작품을 촬영하는 감독에게 출연료 안 받을 테니 출연시켜 달라고 말하는 모습을 그려본다. 그래서 영화배우라고 말했던 것이다. 용혜원 시인은 내 이야기를 듣고 훌륭하다며 꼭 그렇게 될 것을 기원하겠다고 말했다.

나는 국문학과를 나오지도 연극영화과를 다니지도 않았다. 그냥 독서를 하고 글을 쓰는 것이 전부다. 어려운 시나리오 용어는 인터넷 검색하여 공부하며 쓰고 있다. 그리고 많은 시나리오 작품을 읽고 그 작품들과 비슷하게 시나리오를 쓰고 있다. 현재는 아마추어 시나리오 작가지만, 곧 프로 시나리오 작가가 될 것이다. 자 어떠한가? 지금도 내가 영화배우를 한다고 말하는 게 이상하고 유머러스한가? 아니면 왠지 될 것도 같아 보이는가?

사람은 항상 생각하는 데로 인생이 바뀐다. 자신의 꿈을 크게 가질수록 좋다. 큰 꿈을 이루기 위해서는 작은 꿈들을 이루어야 하기 때문이다. 그만큼 많은 일들을 이룰 수가 있다. 여러분도 자신을 믿고 원대한 이상을 가져야 한다. 형사도 하고 영화배우도 하고 그룹 총수도 하겠다! 이런 생각을 하고 하나하나 꿈을 실현시키기 위해 노력해 나아가야 한다. 그리고 그 꿈이 실현되면 여러분들이 바로 영화 속의 주인공이 되고 영화배우와 같은 삶을 사는 것이다.

자신의 현실과 생활이 너무 비참하여 원대한 꿈을 가질 수 없다고 생각한다면 유투브에서 최성봉을 검색하여 그의 노래를 한번 들어보기 바란다.

최성봉은 2011년 6월 4일 첫 방송된 '코리아 갓 탤런트 시즌 1'에 출연, 준우승을 차지한 인물이다. 이 최성봉은 고아원에서 매 맞는 게 싫어 5살 때 탈출하여 유흥가에서 생활하게 된다. 유흥가에서 드링크와 껌을 팔며 근근이 생활을 하다 우연히 나이트클럽에서 성악가가 노래를 부르는 모습을 보고 그 모습에 감동을 받아 독학으로 노래공부를 하게 된다. 그리고 그가 코리아 갓 탤런트에서 부른 '넬라판타지아'는 많은 사람을 감동시키고 눈물을 흐리게 만들었다.

최성봉의 이 공연모습은 유튜브에 게시되었고 세계적으로 인터넷 센세이션을 일으켰다. 그의 영상은 미국의 팝스타 저스틴 비버, 한국의 팝스타 엄정화, 보아, 페이스북의 10만여 명의 팬, 그리고 수많은 언론과 정계인사, 톱스타들의 찬사를 받았고 '한국의 폴 포츠', '한국의 올리버 트위스트'로 전 세계의 주목을 받았다. 그의 영상은 CNN에서 가장 많이 본 동영상으로 선정되었으며, CNN메인으로 한 달 동안 등극하게 되면서 전 세계로 알려졌다.

2015년 12월 18일 비디오 조횟수는 151,349,791뷰를 기록했으며, 누적 조회 수는 계속 늘어나고 있다. 우리나라보다 외국에서 이 최성봉이라는 인물을 더 높이 평가하고 있는 것이다.

최성봉은 고아이며, 혼자 5살 때부터 노숙을 하며 배고픔을 잊기 위하여 음식물 쓰레기와 화장실 변기통 물을 마셨다고 한다. 여러분은 최성봉보다 못한 환경에서 생활을 하고 있는가? 분명 아닐 것이다.

우리 인간은 자신의 생각에 의해 자신을 헤칠 수도 있고, 그 반대로 자신을 강하게 만들 수 있는 존재이다. 이제 망설이던 자신의 꿈을 펼칠 수 있도록 생각의 틀을 바꾸어 보자.

옛날 어느 절에 유명한 고승이 계셨다고 한다. 이 고승의 제자들 가운데 한 스님은 늘 말썽을 부렸다고 한다. 어느 날 이 망나니 스님이 큰 사고를 치고 이 고승 앞에서 벌을 받게 되었는데, 이 고승이 땅바닥에 커다란 원을 그리고 이렇게 말했다.

"너는 이 원 안에 있어도 죽고, 이 원 밖에 나와도 죽는다."

그러자, 이 망나니 스님이 자리에서 일어나 발로 원을 슥 지워버리는 것이다. 이제 이 원이 사라졌으니 이 스님이 죽을 일이 없어진 것이다. 이 원은 바로 우리들의 생각이다. 스스로의 생각에 갇혀서 자신을 죽이는 짓을 하지 말자.

더 큰 생각을 가지고 해낼 수 있다고 생각하자. 그리고 생각에서 멈추지 말고 자기 자신을 강하게 단련하도록 하자. 독서도 하고, 운동도 하고, 공부도 하자. 그렇게 자신의 꿈을 실현시키도록 노력하다 보면 영화 속의 주인공으로 살아가는 모습이 점점 그려질 것이다.

끊임없는 자기계발로 성장하라

서점에 가보면 널려 있는 게 자기계발 서적이다. 그 중에 마음에 드는 책을 골라 자신에게 지식과 지혜가 쌓이도록 노력하자. 그러다 보면 어느 정도의 성취를 이룰 수 있을 거라 본다. 필자는 요리책을 읽으니 무척 요리가 하고 싶어지는 충동을 느꼈으며, 마라톤에 관한 책을 읽으니 금방이라도 풀코스를 완주할 것 같은 느낌을 받았다. 연애관련 서적을 읽으니 금방이라도 달콤한 사랑이 올 것 같은 착각도 느꼈다.

본인 취향에 맞는 서적을 찾아 읽기 바란다. 그리고 필자가 이렇게 글을 쓰게 된 동기도 독서를 통해서이다. 물론 많은 책을 읽으면 좋은 점이 많겠지만 요즘같이 인쇄술이나 종이가 흔하지 않던 옛날에는 책이 흔하지가 않았다. 하지만 유명한 철학자들은 그런 암흑시대에도 훌륭한 책을 쓰고 사상을 만들어 냈다. 그것은 다독보다 정독이 좋다는 뜻이 된다. 꼭 많은 책을 읽을 필요가 없는 것이다. 좋은 책을 여러 번 읽고 그 책의 사상이나 지식을 자신의 것으로 남기면 된다.

우리 선조들은 공자가 남긴 논어를 공자 왈 맹자 왈 하며 수십 아니 수백 번 읽고 또 읽어 자신의 몸에 배이게 만들었다. 그리고 생각하고 실천하였다.

독서만큼 자기계발에 큰 몫을 차지하는 것은 없다고 본다. 틈틈이 시간이 나면 책을 읽는 습관을 기르자. 정 안되면 만화책이라도 보자. 일본 만화가 많은 애독자들을 거느리고 몇 십 년 동안 연재되어도 외면 받지 않는 이유는 만화 속에 작가의 훌륭한 사상과 인간애가 담아 있기 때문이라고 본다. 독서하는 게 아직 낯설다면 만화방이라도 찾아가 좋은 만화책을 찾아 읽어보자. '미생'이라는 웹툰이 큰 화제를 낳고 드라마까지 방영되었지만 필자는 보지 않았다. 그러다 우연히 만화방에서 '미생'이라는 작품을 보게 되었다. 비록 만화지만 진솔한 인간애와 작가의 냉철한 사회상을 그림과 글을 통해서 필자에게 전달하였다. 그리고 중간 중간 나오는 바둑 기보로 인하여 한동안 잊었던 바둑이 두고 싶어 손이 근질근질하였다. 이게 독서의 힘이다.

예전에 버스 또는 지하철을 타면 늘 보던 풍경이 있다. 직장인들의 손과 겨드랑이 사이에 끼여진 신문, 잡지, 그리고 앉아서 신문을 보는 일반인들의 모습이다. 그런데 그런 풍경이 점점 사라지고 오로지 스마트폰만 바라본다. 이어폰으로 음악을 듣거나 동영상 관람, 인터넷 검색들로 옆에 가족, 친구, 연인이 있어도 대화가 없다. 스마트폰에 장점은 너무 많다. 뉴스 정보의 빠른 전달과 다양한 생활정보, 멀리 떨어진 친구와 지인들과의 소통, 게임 오락 등으로 지루할 틈이 없게 만든다. 그렇지만 생각하게 만드는 힘을 떨어지게 하는 단점이 있다. 신문을 한 장 한 장 넘기며 우리는 잠깐 동안 눈으로 읽은 거에 대한 생각을 한다. 독서만큼은 크지는 않겠지만 신문, 잡지 등은 분명 사고력을 키우는데 도움이 된다. 성공한 사업가들의 책상 위에는 아침마다 중앙지, 경제지, 지방지 신문이 한뭉치 놓여 있다. 그것은 그들이 습관적으로 읽는 것이 몸에 베어서 일 것이다. 이들처럼 성공하고 싶다면 독서를 하고 간간히 신문을 보자.

좋은 영화도 감동과 힐링을 주면서 생각을 하게 만든다.

맷 데이먼 주연의 영화 '마션'을 보면 화성에서 홀로 살아남기 위해 주인공이 끊임없이 도전을 한다. 하지만 생각처럼 되지 않고 자주 실패를 겪는다. 하지만 주인공은 좌절하지 않고 다른 해결책을 생각하거나, 또는 안타깝게 처음부터 다시 노력을 한다. 필자는 그 영화가 우리 인간의 삶을 144분 동안에 그대로 보여주는 것만 같았다. 생각한대로 모두 된다면 그것은 신이 아닐까 싶다. 인간이기 때문에 실패를 경험하는 게 어쩌면 너무나 당연하다.

영화 '그래비티'에서는 여주인공 산드라 블록이 우주 허공에서 혼자 둥둥 떠다닌다. 이대로 끝이라는 생각이 들만도 한데 포기하지 않고 악착같이 살기 위해 발버둥 치고 끝까지 삶에 대한 의지를 놓지 않는다. 이 영화를 보면서 만약 내가 저 상황이라면 어떻게 할까? 라는 생각을 수없이 하였다. 필자는 아마 쉽게 생을 포기하였을 것이다. 하지만 이 영화는 포기라는 단어가 나올 상황에서 전혀 포기하지 않고 끝까지 살기 위해 노력하는 모습을 90분 동안 쉬지 않고 보여준다. 우리의 삶이 얼마나 소중한지 다시 한 번 깨달게 해 준 영화다.

이 두 영화의 공통점은 수많은 실패에 주인공들이 좌절하지도 포기하지도 않는다는 것이다. 그 점이 필자에게 많은 감동을 주었던 것 같았다.

필자는 노력한 일 또는 생각한 일이 쉽게 풀리지 않아 수많은 실패와 숱한 좌절을 맛보았다. 처음으로 도전한 특별승진에서 떨어지고 또다시 도전하였지만 떨어졌다. 하지만 다시 도전하였다. 그리고 특진에 대한 실적을 쌓기 위하여 열심히 신문에 독자투고를 보냈으나, 계속 실리지 않아 헛된 노력으로 시간만 낭비하였다고 생각하였다. 그렇지만 지금 생각해 보니 그때의 노력이 지금 글을 쓰는 필력으로 남게 되지 않았나 싶다. 그리고 특진도 결국 하게 되었다. 결코 노력한 일들은 자신을 배신하지 않는다. 너무 조급한 마음에 성급히 포기하지 말자. 인생은 단거리 경주가 아니기 때문이다.

필자는 청소년시절부터 가졌던 경찰관이 되겠다는 꿈을 실현시키고 초임지인 충남 보령경찰서 청소파출소에서 첫 근무를 하게 되었다. 임용되어 근무할 당시가 12월 추운 겨울이었다.

필자가 살던 고향 전라남도 여수는 눈이 거의 오지 않는 곳인데 이곳은 눈이 오면 정말 폭탄처럼 쏟아졌다. 그 눈을 보면서 순찰차로 시골길을 순찰 도는데 정말 눈물이 나올듯한 감동을 받았다. 내가 경찰관이라는 현실이 믿기 힘들었다. 경찰근무복을 입고 경찰차를 운전하면서도 실감이 나지 않았다. 그 감격에 첫 2~3년간은 아무것도 하지 않았다.

솔직히 목표를 잃어버렸다. 그냥 경찰관이 된 것에 만족하였다. 그리고 총각이다 보니 관심사는 오로지 연애였다. 결혼 후에는 육아와 집안일에만 신경을 썼다. 그런데 지금에 와서는 후회하고 있다. 가장 매력 없는 남자로 살았던 것이다. 매력 없는 남자들의 공통점이 퇴근 후 즉시 집으로 가는 것이다. 집밖에 모르는 남자가 매력 있을리 만무하다.

과거에 진급에 조금 더 관심을 가지고 공부를 하였더라면 보다 높은 자리에 올랐을 것을 아쉬움이 많이 남는다. 예전에 중앙경찰학교에서 신임순경 교육받을 당시 경정으로 퇴임하신 선배경찰관님께서 강사로 오셔서 하셨던 말씀이 기억에 남는다. 그분은 칠판에 크게 논어에 나온 한자를 썼다. 한자는 기억나지 않고 그 내용만 기억난다.

-지금 당장 배울 날이 많다고 말하지 마라, 세월은 물과 같아서 계속 흘러가니, 젊은 날 학문을 익히지 않으면 머리 가에 서리가 내리면 한탄하여도 어찌하랴.-

그때 퇴직하신 선배께서 이글을 남겼던 이유는 총경이 될 수 있었지만 파출소장을 지내면서 너무 나태해져 경정이라는 계급을 너무 늦게 달아 결국 총경심사에서 떨어졌다고 한다. 그리고 퇴직한 후 나태하게 보냈던 일들을 후회하면서 신임순경들에게 열심히 공부하라는 뜻에서 글을 남겼는데, 필자 역시 이 글을 남긴다. 이 글을 읽는 그대여! 현실에 안주하여 나와 같은 실수를 반복하지 말고 열심히 책을 보기 바란다.

공부가 싫거나 다른 사람과 경쟁이 싫다면 본인 스스로 성취감을 찾을 수 있는 일을 하여도 좋다. 퇴직 후 쓸 수 있는 자격증을 취득한다든지 또는 자신에게 성취감을 심어 줄 취미 생활들을 하는 것이다. 지금 필자는 이렇게 글을 쓰면서 성취감을 느끼고 있다. 내 이름이 적힌 책 한권이 나온다는 생각에 흥분을 감출 수가 없다. 사고뭉치에 끈기 없고 놀기 좋아하는 내가 책을 출간하다니 놀라울 뿐이다. 상상만 하여도 얼굴에 미소가 번진다.

만일 내가 쓴 글이 책으로 나온다면 내가 생각한 이상(理想)에 도달하여 그로 인하여 나는 그 이상(以上)의 능력을 갖게 될 것이라 믿는다. 여러분이라고 못할 것 없다. 회의와 불안은 신념이 불확실 할 때 생긴다. 이 말은 필자가 학창시절에 배운 국민윤리에 나온 말이다. 자기 자신의 가치를 믿고 자신을 사랑하자. 자기 자신을 사랑할 줄 아는 사람만이 타인으로부터 사랑을 받을 수 있다.

흐르지 않는 물은 썩는 법이다. 인간도 마찬가지이다. 정체된 인간 역시 썩게 되고, 악취만 풍기게 된다. 다른 사람이 보기에도 흉하고, 자신 또한 말할 수 없을 정도로 열등의식을 느끼게 된다.

그리고 누구나 일정한 시간이 주어진다. 그 시간을 어떻게 활용하는가에 따라 영광된 미래가 보장된다. 시간은 아직도 충분히 남아있다. 그렇게 마음만 먹는다면 할 수 없는 일이란 없을 것이다. 사람은 누구에게나 황금기가 찾아오는 법이다.

'우공이산(愚公移山)'이라는 고사성어를 아는가? 한자만 풀이 한다면 어리석은 노인이 산을 옮기다는 뜻이다. 과연 그가 어리석은지 한번 살펴보자.

북산에 우공이라는 90살 된 노인이 살고 있었다. 그런데 노인의 집 앞에는 넓이가 칠백 리, 만 길 높이의 태행산과 왕옥산이 가로막고 있어 생활하는 데 무척 불편했다. 그러던 어느 날 노인은 가족들에게 이렇게 말했다.

"우리 가족이 힘을 합쳐 두 산을 옮겼으면 한다. 그러면 길이 넓어져 다니기에 편리할 것이다."

그럼 흙을 어떻게 할 것인지 며느리가 물어보자, 멀리 떨어진 바다에 가서 버리면 된다고 말했다. 그렇게 우공과 아들, 손자는 지게에 흙을 지고 발해 바다에 갔다 버리고 돌아왔는데, 꼬박 1년이 걸렸다. 이 모습을 본 이웃 사람이 이렇게 말하며 비웃었다.

"이제 멀지 않아 죽을 당신인데 어찌 그런 무모한 짓을 합니까?"

그러자 우공이 이렇게 말했다.

"내가 죽으면 내 아들, 그가 죽으면 손자가 계속 할 것이오. 그동안 산은 깎여 나가겠지만 더 높아지지는 않을 테니 언젠가는 길이 날 것이오."

두 산에 살고 있던 뱀신이 이 말을 듣고는 큰일 났다고 여겨 즉시 상제에게 달려가 산을 구해달라고 호소했다. 이 말을 들은 상제는 두 산을 각각 멀리 삭 땅 동쪽과 옹 땅 남쪽으로 옮기도록 하였다.

이 고사 성어의 뜻은 우직하게 한 우물을 파는 사람이 큰 성과를 거둔다는 내용이다. 세상을 바꾸는 것은 머리 좋은 사람이 아니라 결코 포기하지 않고 끝까지 노력하는 사람임을 알려 주는 고사이다.

퀴리부인은 31세에 '라듐'을 발견하였고, 아인슈타인은 36세에 '상대성 이론'을 완성하였다. 나폴레옹은 40세 때 유럽의 패자로 군림하였고, 칸트는 60이라는 나이에 '제3비판'을 완성하였다. 그리고 에디슨은 80평생 동안 만족하지 못하고 발명에 몰두하였다.

'비육지탄(髀肉之嘆)'의 유래를 아는가?

삼국지에서 유비가 조조의 핍박을 받고 같은 종친인 형주의 유표에게 몸을 의탁한다. 유비는 신야(新野)라는 작은 성에서 4년간 할 일 없이 지냈는데, 어느 날 유표의 초대를 받아 연회에 참석하였고 우연히 변소에 갔다가 자기 넓적다리에 유난히 살이 찐 것을 보게 되었다. 순간 그는 슬픔에 잠겨 눈물을 흘렸고 그 눈물 자국을 본 유표가 연유를 캐묻자 유비는 이렇게 대답한다.

"나는 언제나 몸이 말안장을 떠나지 않아 넓적다리에 살이 붙을 겨를이 없었는데 요즈음은 말을 타는 일이 없어 넓적다리에 다시 살이 붙었습니다. 세월은 사정없이 달려서 머지않아 늙음이 닥쳐올 텐데 아무런 공업(功業)도 이룬 것이 없어 그것을 슬퍼하였던 것입니다."

이때 유비의 나이가 40세를 넘었다. 비육지탄은 여기에서 비롯된 말이다. 그 후 유비의 비육지탄(髀肉之嘆)은 수년간 계속되었으나, 헌제(獻帝) 13년 적벽의 싸움에서 일약 용명을 날려 형주를 영유했으며(202년) 양자강 중류의 요충지 강릉(江陵)에 진출했다. 조조는 글씨를 쓰고 있다가 유비가 강릉으로 나왔다는 소식을 듣고 너무 놀라 자기도 모르게 붓을 떨어뜨렸다. 유비는 61세의 나이에 촉나라를 건국하고 조조, 손권과 함께 천하통일에 대한 야망을 불태운다.

안주하는 것은 포기하는 것이다. 쉽게 따뜻한 현실에 안주하지 말라. 도전하는 사람에게만이 최고의 황금기가 찾아온다. 인간은 패배하였을 때 끝나는 것이 아니라 포기했을 때 끝나는 것이다. 이길 때까지는 낮은 자세로 져야 한다.

마지막으로 이 글을 읽는 그대여! 크고 위대한 일은 크고 위대한 생각을 가지고 있는 사람만이 달성한다. 크게 성장하여 널리 사회를 이롭게 해주기 바라며 글을 마친다.

준비하라! 인내하라! 도전하라!

이 책을 기획하면서 자료를 얻기 위하여 경찰관들이 쓴 책들을 찾아 읽어보게 되었다. 그 중에서 장신중 전 총경이 쓴『경찰의 민낯』이라는 책은 나에게 큰 충격을 주었다. 나도 모르는 경찰의 치부가 적나라하게 드러나 기분이 썩 좋지 않았다. 하지만 그 책과 반대로 김석돈 전 총경이 쓴『경찰관으로 성공하는 길』이라는 책은 필자가 궁금했던 점을 시원하게 알려주고 지금 내가 쓰고 있는 이 책과 일맥상통한 부분이 많았다. 같은 대한민국 경찰을 소개하는 책이 이렇게 큰 차이가 난 것이다.

먼저 전자는 경찰의 단점만 모아서 썼다면 후자는 경찰의 장점들을 모아 쓴 책이라고 보면 되겠다. 필자는 전자의 책은 그냥 참고용으로 눈으로만 읽었다. 후자는 좋은 정보가 눈에 들어오면 가슴에 쓸어 담았다.

이 책도 마음에 드는 문구와 좋은 정보가 있다면 가슴에 새기고 내용이 마음에 들지 않거나 자신의 뜻에 맞지 않다면 그냥 눈으로 훑어보며 넘어가기 바란다.

나상미 경찰관님이 쓰신『나는 대한민국 국가공무원이다』라는 책을 읽어보면 승진에 대한 미련을 버리고 오로지 자기계발과 여가활동으로 만족스런 삶을 살아가는 모습을 담고 있다. 승진 등으로 동료들과 경쟁하지 않고 스트레스 받지 않는 삶을 살아가고 있으니 이 또한 좋아보였다. 하지만 나는 이 책을 쓰면서 승진해야 한다고 동료들과 경쟁을 부추기고 있다. 선택은 여러분의 몫이다.

이런 책도 있고 저런 책도 있다. 모두 다 같은 생각으로 살아갈 수는 없는 것이다. 다양한 생각처럼 삶에 방식도 다양하다. 당신은 세계 최대의 야망을 가지고 실천할 수 있는 사람이다. 우주를 정복하는 야망을 가져라. 그런 야망이 실현되지 못하도록 막을 사람은 아무도 없다. 본인 스스로가 안 될 거라고 포기하기 때문에 안 되는 것뿐이다. 우주의 기운이 느껴지는가?

요즘 젊은이들을 3포 세대를 넘어 9포 세대라고 한다. 9가지를 포기한다고 하여 9포 세대인데 이 9가지 중에 희망포기라는 단어가 들어 있어서 놀라움을 금할 길이 없다. 이 글을 읽는 젊은이들이여! 꿈과 희망을 포기하지 말고 더 큰 꿈과 희망을 가지기 바란다. 청춘이란 단어는 모든 것을 극복하게 할 힘을 가진 단어다. 비록 현실이란 단어가 앞을 막고 있지만 포기하지 말고 자신의 가치를 믿자.

스스로 31살이라는 젊은 나이에 목숨을 끊은 항우와 반대로 항우의 부하로 있던 계포(季布)는 자신의 가치를 믿고 쉽게 포기하지 않았다. 『초한지』를 읽어보면 초나라 장수 계포가 유방을 괴롭혔기 때문에 유방에게 계포는 원수 같은 존재였다. 초나라가 망하고 한나라 유방이 천하의 주인이 되자, 유방은 계포의 일을 잊지 못해 그의 목에 천금을 걸고 계포를 찾았으며, 그를 숨겨 주는 자는 삼족(三族)을 멸하겠다고 했다.

그러나 계포는 노예로 전락하면서도 끈질기게 살아남았으며, 계포를 따르는 사람들의 도움을 받아 노나라로 가서 그곳의 주가(朱家)에 머물렀다. 주가는 낙양으로 가서 유방의 오랜 친구이자 여음후인 등공 하후영을 만나 계포의 사정을 설명했다. 하후영은 유방에게 과거의 원한을 잊어버리고, 계포와 같은 인재를 중용하여 천하의 민심을 얻으라고 조언하였다. 결국 유방은 그의 충고를 받아들여 계포를 용서하고, 그를 낭중(郎中)에 임명했다. 지금이 밑바닥이라고 말할 수 있는 동안은 아직 진짜 밑바닥이 아니라는 것이다.

나는 이 글을 읽고 경찰관의 꿈을 가진 청소년과 취업준비생들이 목적을 잃지 않고 끝까지 도전하여 경찰관으로 들어와 성공하기를 바라는 마음에서 이 책을 기획했다. 그리고 후배로 들어오는 그들이 따뜻하고 인간적인 매력이 넘치는 경찰관으로 성공하기 바란다.

안 되는 사람일수록 자신에게 인심이 후하다는 말이 있다. 신념을 가지고 자신의 원대한 목표를 이루도록 순간순간에 최선을 다하자. 그리고 큰 성과는 작은 일들이 모여 이루어지는 법이다.

나에게는 아무런 보증이 없다. 그러나 오늘보다는 내일이, 내일보다는 모레가……. 이렇게 팍팍 커갈 수 있는 나이이다. 나라는 인간은 그렇다. 이 점에 전혀 의심의 여지가 없다.

　　　　　　　　　　　　　　　　－ 젊은 날의 도요토미 히데요시